防范化解
外部环境领域重大风险

杜正艾 王 峥◎著

国家行政管理出版社
NATIONAL ADMINISTRATION PRESS

·北京·

图书在版编目（CIP）数据

防范化解外部环境领域重大风险/杜正艾，王峥著．
—北京：国家行政管理出版社，2020.10（2021.1重印）
（防范化解重大风险丛书）
ISBN 978-7-5150-2494-3

Ⅰ.①防… Ⅱ.①杜…②王… Ⅲ.①中国共产党--领导干部--思想政治教育--学习参考资料 Ⅳ.①D261.1

中国版本图书馆 CIP 数据核字（2020）第 190495 号

书　　名	防范化解外部环境领域重大风险 FANGFAN HUAJIE WAIBU HUANJING LINGYU ZHONGDA FENGXIAN
作　　者	杜正艾　王　峥　著
责任编辑	王　莹　李瑞琪
出版发行	国家行政管理出版社 （北京市海淀区长春桥 6 号　100089）
综 合 办	（010）68928903
发 行 部	（010）68922366　68928870
经　　销	新华书店
印　　刷	北京中科印刷有限公司
版　　次	2020 年 11 月北京第 1 版
印　　次	2021 年 1 月北京第 2 次印刷
开　　本	170 毫米×240 毫米　16 开
印　　张	11.5
字　　数	148 千字
定　　价	40.00 元

本书如有印装问题，可联系调换，联系电话：（010）68929022

《防范化解重大风险丛书》编委会

主　任：李　季

成　员（以姓氏笔画排序）：

马宝成　　尹光辉　　闪淳昌

刘　钊　　刘铁民　　刘跃进

杜正艾　　陆小华　　杨永斌

夏诚华　　高小平　　曾　光

薛　澜

当前，世界大变局加速深刻演变，全球动荡源和风险点增多，我国外部环境复杂严峻。我们要统筹国内国际两个大局、发展安全两件大事，既聚焦重点、又统揽全局，有效防范各类风险连锁联动。要加强海外利益保护，确保海外重大项目和人员机构安全。要完善共建"一带一路"安全保障体系，坚决维护主权、安全、发展利益，为我国改革发展稳定营造良好外部环境。

——习近平

坚持底线思维，
着力防范化解重大风险*

习近平

2019 年 1 月 21 日

坚持以新时代中国特色社会主义思想为指导，全面贯彻落实党的十九大和十九届二中、三中全会精神，深刻认识和准确把握外部环境的深刻变化和我国改革发展稳定面临的新情况新问题新挑战，坚持底线思维，增强忧患意识，提高防控能力，着力防范化解重大风险，保持经济持续健康发展和社会大局稳定，为决胜全面建成小康社会、夺取新时代中国特色社会主义伟大胜利、实现中华民族伟大复兴的中国梦提供坚强保障。

当前，我国形势总体上是好的，党中央领导坚强有力，全党"四个意识"、"四个自信"、"两个维护"显著增强，意识形态领域态势积极健康向上，经济保持着稳中求进的态势，全国各族人民同心同德、斗志昂扬，社会大局保持稳定。

面对波谲云诡的国际形势、复杂敏感的周边环境、艰巨繁重的改革发展稳定任务，我们必须始终保持高度警惕，既要高度警惕"黑天鹅"事件，也要防范"灰犀牛"事件；既要有防范风险的先手，也要有应对和化解风险挑战的高招；既要打好

---

* 这是习近平在省部级主要领导干部坚持底线思维着力防范化解重大风险专题研讨班开班式上的讲话要点。《习近平谈治国理政》第 3 卷，外文出版社 2020 年版，第 219 页。

防范和抵御风险的有准备之战,也要打好化险为夷、转危为机的战略主动战。

各级党委和政府要坚决贯彻总体国家安全观,落实党中央关于维护政治安全的各项要求,确保我国政治安全。要持续巩固壮大主流舆论强势,加大舆论引导力度,加快建立网络综合治理体系,推进依法治网。要高度重视对青年一代的思想政治工作,完善思想政治工作体系,不断创新思想政治工作内容和形式,教育引导广大青年形成正确的世界观、人生观、价值观,增强中国特色社会主义道路、理论、制度、文化自信,确保青年一代成为社会主义建设者和接班人。

当前我国经济形势总体是好的,但经济发展面临的国际环境和国内条件都在发生深刻而复杂的变化,推进供给侧结构性改革过程中不可避免会遇到一些困难和挑战,经济运行稳中有变、变中有忧,我们既要保持战略定力,推动我国经济发展沿着正确方向前进;又要增强忧患意识,未雨绸缪,精准研判、妥善应对经济领域可能出现的重大风险。各地区各部门要平衡好稳增长和防风险的关系,把握好节奏和力度。要稳妥实施房地产市场平稳健康发展长效机制方案。要加强市场心理分析,做好政策出台对金融市场影响的评估,善于引导预期。要加强市场监测,加强监管协调,及时消除隐患。要切实解决中小微企业融资难融资贵问题,加大援企稳岗力度,落实好就业优先政策。要加大力度妥善处理"僵尸企业"处置中启动难、实施难、人员安置难等问题,加快推动市场出清,释放大量沉淀资源。各地区各部门要采取有效措施,做好稳就业、稳金融、稳外贸、稳外资、稳投资、稳预期工作,保持经济运行在合理区间。

科技领域安全是国家安全的重要组成部分。要加强体系建设和能力建设，完善国家创新体系，解决资源配置重复、科研力量分散、创新主体功能定位不清晰等突出问题，提高创新体系整体效能。要加快补短板，建立自主创新的制度机制优势。要加强重大创新领域战略研判和前瞻部署，抓紧布局国家实验室，重组国家重点实验室体系，建设重大创新基地和创新平台，完善产学研协同创新机制。要强化事关国家安全和经济社会发展全局的重大科技任务的统筹组织，强化国家战略科技力量建设。要加快科技安全预警监测体系建设，围绕人工智能、基因编辑、医疗诊断、自动驾驶、无人机、服务机器人等领域，加快推进相关立法工作。

维护社会大局稳定，要切实落实保安全、护稳定各项措施，下大气力解决好人民群众切身利益问题，全面做好就业、教育、社会保障、医药卫生、食品安全、安全生产、社会治安、住房市场调控等各方面工作，不断增加人民群众获得感、幸福感、安全感。要坚持保障合法权益和打击违法犯罪两手都要硬、都要快。对涉众型经济案件受损群体，要坚持把防范打击犯罪同化解风险、维护稳定统筹起来，做好控赃控人、资产返还、教育疏导等工作。要继续推进扫黑除恶专项斗争，紧盯涉黑涉恶重大案件、黑恶势力经济基础、背后"关系网"、"保护伞"不放，在打防并举、标本兼治上下功夫。要创新完善立体化、信息化社会治安防控体系，保持对刑事犯罪的高压震慑态势，增强人民群众安全感。要推进社会治理现代化，坚持和发展"枫桥经验"，健全平安建设社会协同机制，从源头上提升维护社会稳定能力和水平。

当前，世界大变局加速深刻演变，全球动荡源和风险点增多，我国外部环境复杂严峻。我们要统筹国内国际两个大局、发展安全两件大事，既聚焦重点、又统揽全局，有效防范各类风险连锁联动。要加强海外利益保护，确保海外重大项目和人员机构安全。要完善共建"一带一路"安全保障体系，坚决维护主权、安全、发展利益，为我国改革发展稳定营造良好外部环境。

党的十八大以来，我们以自我革命精神推进全面从严治党，清除了党内存在的严重隐患，成效是显著的，但这并不意味着我们就可以高枕无忧了。党面临的长期执政考验、改革开放考验、市场经济考验、外部环境考验具有长期性和复杂性，党面临的精神懈怠危险、能力不足危险、脱离群众危险、消极腐败危险具有尖锐性和严峻性，这是根据实际情况作出的大判断。全党要增强"四个意识"、坚定"四个自信"、做到"两个维护"，自觉在思想上政治上行动上同党中央保持高度一致，自觉维护党的团结统一，严守党的政治纪律和政治规矩，始终保持同人民的血肉联系。中华民族正处在伟大复兴的关键时期，我们的改革发展正处在克难攻坚、闯关夺隘的重要阶段，迫切需要锐意进取、奋发有为、关键时顶得住的干部。党的十八大以来，我们取得了反腐败斗争压倒性胜利，但反腐败斗争还没有取得彻底胜利。反腐败斗争形势依然严峻复杂，零容忍的决心丝毫不能动摇，打击腐败的力度丝毫不能削减，必须以永远在路上的坚韧和执着，坚决打好反腐败斗争攻坚战、持久战。

防范化解重大风险，是各级党委、政府和领导干部的政治职责，大家要坚持守土有责、守土尽责，把防范化解重大风险工作做实做细做好。要强化风险意识，常观大势、常思大局，科学预见形势发展走势和隐藏其中的风险挑战，做到未雨绸缪。

要提高风险化解能力，透过复杂现象把握本质，抓住要害、找准原因，果断决策，善于引导群众、组织群众，善于整合各方力量、科学排兵布阵，有效予以处理。领导干部要加强理论修养，深入学习马克思主义基本理论，学懂弄通做实新时代中国特色社会主义思想，掌握贯穿其中的辩证唯物主义的世界观和方法论，提高战略思维、历史思维、辩证思维、创新思维、法治思维、底线思维能力，善于从纷繁复杂的矛盾中把握规律，不断积累经验、增长才干。要完善风险防控机制，建立健全风险研判机制、决策风险评估机制、风险防控协同机制、风险防控责任机制，主动加强协调配合，坚持一级抓一级、层层抓落实。

防范化解重大风险，需要有充沛顽强的斗争精神。领导干部要敢于担当、敢于斗争，保持斗争精神、增强斗争本领，年轻干部要到重大斗争中去真刀真枪干。各级领导班子和领导干部要加强斗争历练，增强斗争本领，永葆斗争精神，以"踏平坎坷成大道，斗罢艰险又出发"的顽强意志，应对好每一场重大风险挑战，切实把改革发展稳定各项工作做实做好。

前言

当今世界正在经历百年未有之大变局,世界多极化、经济全球化、社会信息化、文化多样化深入发展,全球治理体系和国际秩序变革加速推进,国际环境发生深刻性调整。当代中国正经历着历史上最为广泛而深刻的社会变革,也正在进行着人类历史上最为宏大而独特的实践创新,处在近代以来最好的发展时期。外部环境的变迁为新时代中国特色社会主义的伟大事业创造了机遇,也带来了挑战。中华民族伟大复兴的历史使命以及中国发展新的历史方位,决定了在风云变幻的国际变革大潮中,中国特色社会主义的发展道路和前进方向。紧抓战略发展机遇期,防范化解外部环境领域重大风险挑战,坚持道路自信、理论自信、制度自信、文化自信,在抵御国际环境风险挑战的进程中推动实现中华民族的百年梦想,这既是本书创作的时代背景,也是本书出版的现实意义和价值。

作为当今国际关系中的重要行为体之一,作为世界和平稳定的重要力量之一,中国的发展、中国的未来以及中国的选择,影响着21世纪世界格局的构建,而在与世界互动的历史进程中,中国始终面临着来自外部环境的压力,面临着来自国际社会的体系张力,面临着来自大国霸权的战略遏制,面临着国家发展和民族崛起的国际阻力。中国所面临的外部环境领域风险是多元的、多样的，是错综复杂、影响深远的，也是全面性、全域性的，其中，重点领域的风险压力尤为突出。梳理重点领域的外部环境重大风险，分析外部环境领域重大风险的基本特点，探析外部环境领域重大风险传导的基本原理，探索防范化解外部环境领域重大风险的有效路径，构建抵御外部环境领域重大风险的战略体系，既是本研究的基本内容和价值取向，也是新时期研究中国国际环境风险的有益探索和范式创新。

不同的历史时期，外部环境领域重大风险的呈现内容存在着较大的差异，因此，外部环境领域重大风险研究是一个开放的系统，也是一个不断更新与发展的过程。本书研究的时间起点是2017年中国共产党第十九次全国代表大会，结点是2020年上半年，这是一个概括性、阶段性的时间范围，并非绝对的时间划分，时间范围根据所涉问题或议题的差异有所调整。析论特定时间区间内的外部环境领域重大风险的历时性和共时性特点，明晰外部环境领域重大风险发展演变的逻辑进程和演化趋势，对于防范化解当前中国所面临的外部环境领域重大风险挑战，规避中华民族伟大复兴所遭遇的系统性压力和冲击，继而开创中国未来发展新局面，都具有重要的历史意义和价值。把握当下，面向未来，为中华民族的持久发展和国际社会的持久繁荣，构建一个持久和平的国际环境，这是世界大时代淬炼出的中国方案和中国贡献。

目录

第一章 外部环境领域重大风险类型　1
- 一、地缘政治风险 …………………………………………… 1
- 二、地缘经济风险 …………………………………………… 10
- 三、国家安全风险 …………………………………………… 13
- 四、意识形态风险 …………………………………………… 24
- 五、全球经济风险 …………………………………………… 28
- 六、全球治理风险 …………………………………………… 32
- 七、文明冲突风险 …………………………………………… 36

第二章 外部环境领域重大风险的新特点　41
- 一、外部环境领域重大风险呈现面散点多特征 …………… 41
- 二、外部环境领域重大风险呈现三轮驱动特征 …………… 50
- 三、外部环境领域重大风险呈现点增多、烈度略降态势 …… 59
- 四、外部环境领域重大风险呈现高度关联性 ……………… 62
- 五、外部环境领域重大风险带有诸多不确定性 …………… 67

第三章 外部环境领域重大风险传导的理论体系　72
- 一、外部环境领域重大风险传导的基本概念 ……………… 72

二、外部环境领域重大风险传导的基本构件…………… 75

三、外部环境领域重大风险传导的基本方式…………… 78

第四章 牢牢把握防范化解外部环境领域重大风险的主动权 82

一、坚持以总体国家安全观为指导…………………… 82

二、坚持党对防范化解外部环境领域重大风险的绝对领导…… 95

三、坚持国家利益至上………………………………… 100

四、坚持人类命运共同体思想………………………… 104

五、坚持依法防范化解外部环境领域重大风险……… 108

第五章 锻造防范化解外部环境领域重大风险的战略举措 114

一、保持战略定力，运筹防范化解外部环境领域重大风险先手…………………………………………… 114

二、保持战略自信，运筹防范化解外部环境领域重大风险高招…………………………………………… 118

三、保持战略耐力，提升防范化解外部环境领域重大风险能力…………………………………………… 124

附　　录 135

案例一：保持战略定力，积极应对中美贸易摩擦……… 135

案例二：令世界瞩目的中国抗疫故事…………………… 155

后　　记 162

第一章 外部环境领域重大风险类型

进入新时代以来，中国所处的国际环境发生了深刻变化，面临着百年未有之大变局，外部环境领域重大风险压力加大，整体发展形势和安全形势都面临着极大挑战。综合而言，时代变迁和格局转变所带来的外部环境领域重大风险挑战是综合全面的、多种形式的，并且是相互作用和相互影响的。根据外部环境领域重大风险所包含的基本内容和所呈现出的基本形态，当前中国所面对的外部环境领域重大风险主要包括地缘政治风险、地缘经济风险、国家安全风险、意识形态风险、全球经济风险、全球治理风险、文明冲突风险七大主要类型。

一、地缘政治风险

在国际关系演变发展的历史进程中，地缘政治因素始终是影响国家间的关系变动和主权国家建构与成长的关键性因素。21世纪以来，尤其是党的十九大以来，虽然中国依然处在发展的战略机遇期，但随着中国实现从站起来、富起来向强起来的历史性跨越，中国所面临的环境条件发生了重大变化，其中，地缘政治环境的变化成为制约中国历史性崛起以及中华民族伟大复兴的突出问题。如何破解地缘政治威胁给中国国家安全和民族复兴所带来的风险考验，规避环境风险所产生的系统性效应，是中国国家现代化进程中不可回避的重大问题。

地缘政治是政治地理学中的一项理论，又被称为"地理政治学"。它主要根据地理要素和政治格局的地域形式，分析和预测世界或地区范围的战略形势和有关国家的政治行为，把地理因素视为影响甚至决定国家政治行为的一个基本因素。传统地缘政治理论包括陆权论、海权论、空权论等，代表人物有马汉、麦金德、卡尔·豪斯霍费尔等；现代地缘政治理论包括文明冲突论、单极论、多极论等，代表人物有亨廷顿、基辛格、布热津斯基等。

（一）大国竞争风险

一直以来，大国关系都是牵动和制约国际关系走向的关键性因素。而在大国关系中，大国竞争与合作问题始终是各国关注的焦点性问题，因为大国之间是否合作或者竞争，与谁合作或者竞争，合作或者竞争的程度如何，不仅关系到大国间的关系，而且涉及世界其他国家间的关系。因此，大国合作或者竞争与否，某种程度上是世界稳定与否的风向标和晴雨表。从国际关系演变的历史进程来看，大国关系处于合作与竞争的动态变化过程之中，大国之间的合作或者竞争都是一种历史存在状态。但是，在一定的历史时期和阶段，合作或者竞争却是影响大国关系和世界格局的敏感性因素。大国合作是一个建设性关系模式，大国竞争却是一种破坏性关系模式，无论是对于大国本身，还是对于国际关系体系，都是如此。

大国竞争既是一种历史常态，也是一种历史必然。同理，大国合作亦既是常态，也是必然。从本质上看，包括大国关系在内的一切国际关系，都是竞争与合作的矛盾体和综合体，二者比例如何或者说关系结构如何，是判定关系走向与特点的根本标度。因此，分析大国之间的竞争，并不意味着大国之间只存在竞争关系。在国家行为体之间绝对的竞争或者合作都是不存在的，或者说都是一种想象的关系存在。

另外，一个大国与其他大国之间的竞争关系是存在差异的，或者说是异质性的。从时间的维度横向比较看，同一时间节点上的大国竞争关系处于不同的状态，或者说是处于一定的状态序列和光谱上，两个或多个大国竞争关系处于同一状态的可能性只是一种理想设定。同理，从时间推演的纵向比较分析，大国竞争关系在不同的时间节点或者说在不同时间区间内也是有差异性的，即大国竞争关系会因不同的历史阶段而异，大国竞争关系会随时间的变化而变化，这是大国竞争关系的一般性规律。

大国竞争的强度和烈度如何是影响双边关系乃至国际关系的重要临界条件，或者具体地说，大国关系在什么样的时间区间以及在什么样的议题上处于强竞争状态，是影响关系变动的基本变量。因此，一定程度和一定范围的竞争关系并不会迟滞双边关系的发展，在关系的合作面大于竞争面的条件下，大国竞争也不会显著阻碍两国关系前进，只有两国关系的竞争状态跨过一定的临界点之后，大国竞争才会对双边关系和国际关系产生显著破坏力。如何确定大国竞争的临界状态，如何对临界状态点两侧的竞争关系进行分析和判定，是剖析大国竞争关系及其影响的重要方面，也是研究大国竞争关系的一个复杂议题。

影响大国竞争关系状态的因素是复杂和多元的，既有政治因素，也有经济因素；既有传统安全因素，也有非传统安全因素；既有意识形态因素，也有文化传统因素；既有关系本身的因素，也有体系性的因素；既有战略性因素，也有政策性因素。因此，探析大国竞争的成因以及未来走向是一种极其复杂的系统性难题。而且从大国竞争的实践过程来看，影响和制约大国竞争进程的因素通常呈现出多种因素叠加、多重因素交织的特征。这种特征也加剧了大国竞争的复杂性和系统性，其中，经济关系政治化是影响大国竞争关系演变的一种常规模式。

现阶段，中国面临着严峻的大国竞争风险，其中主要包含两方面的内容。一是世界大国（地区）竞争给中国带来的压力和挑战，比如美俄关系、俄欧关系等。当代是一个各国相互依赖和相互联系程度空前密切的时代，任何国家都逃脱不了国际关系所带来的体系性作用力，中国也不例外。美俄关系、俄欧关系的消极性变化对国际社会产生了极大的负面影响，而这种消极作用力给中国的外部发展环境带来了极大的不稳定性和不确定性，不仅间接影响了中国与各关系行为体的关系状态和关系走向，而且也影响了中国与其他国家之间的关系。这种类型的大国竞争风险很长时期内都是影响中国对外关系发展的重要条件，这种类型的大国竞争风险所产生的外溢效应对中国构成了一定的安全挑战。妥善处理中国与关系各方的双边或多边关系，是中国化解与克服风险挑战的基本路径。二是中国与大国（地区）之间的竞争所带来的风险，这种风险压力是直接的，也是最强烈的。由于政治制度、发展模式、历史传统以及国家利益等因素的影响，中国与诸多大国（地区）都存在一定程度的竞争关系。目前，从世界范围来看，中国与大国（地区）的竞争关系基本上包含以下几种：中美关系的竞争程度最强，其次是中印关系，再次是中欧关系和中日关系，中俄关系的竞争强度最弱。本书主要分析当前竞争力程度最强的中美关系及其给中国带来的风险挑战。

2019年是中美建交40周年，这是两国关系发展史上的重要节点。在这个时间节点上，中美关系出现了"实质性的变化"，这种变化不是朝着积极正向的方面转变，而是出现了一定程度的关系动荡甚至倒退。中美关系状态转变的直接原因是中美经贸摩擦，两国经贸关系的恶化导致了两国关系整体状态的改变。但是从本质上看，2019年出现的中美关系变化并非仅仅是2019年的两国关系实践所导致的，而是一定时期内两国关系结构深度调整的结果，或者说是两国关系长时间演变累积的结果。权力政治的现实逻辑和规律表明，新兴大国与守成大国之间必然存在着"修昔底德陷阱"。"修昔底德陷阱"指一个新崛起的大国必然要挑战现存大国,而现存大国也必然会回应这种威胁,这样战争变得不可避免。此说法源自古希腊著名历史学家修昔底德。修昔底德认为,当一个崛起的大国与既有的统治霸主竞争时,双方面临的危险多数以战争告终。他总结说,使得战争无可避免的原因是当时雅典日益壮大的力量,还有这种力量在斯巴达造成的恐惧。世界历史的实践表明,大国之间的权力更替通常都是通过战争等暴力方式实现的,政治权力的兴衰很难逃脱这种历史的悲剧。

受这种传统思维的影响,美国对崛起进程中的中国一直保持着高度的警惕和关注,尤其是随着中国国家综合实力和国际影响力的大幅度提升,美国的战略焦虑和不安日益强烈,这些观念认知的变化导致美国对中国的发展充满了极度的不信任和不安全感,以致其采取各种方式遏制中国现代化进程,其中,中美贸易战是美国政府加剧中美竞争强度、加大对华遏制力度的突出表现之一。另外,美国在南海地区过度强调航行自由,过分炫耀美军力量,积极推动其与中国周边国家关系,形成对中国的战略压力,这些都是中美竞争在现阶段的重要表现。

客观地看,中美关系的变化或者说恶化,给中国的发展带来了极大的风险挑战。首先,最直接的影响就是给中国的经济发展带来了极大的压力。中美贸易战的加剧,美国对中国出口产品以及高科技的封锁和打压,给中国的经济整体运行以及科技创新发展都造成了一定程度的困难。其次,美国加大了在亚太地区、印太地区的战略调整和军力部署,加强了与中国周边国家的军事联系与合作,对中国的国家安全形成了较大的压力和威胁。再次,美国通过加大同中国的战略竞争力度和强度,试图通过战略消耗的方式阻滞中国崛起的进程,对中国现代化建设构成了一定的障碍。中美竞争关系的变化所产生的风险和挑战是系统性的,也是全面和长期性的。

（二）周边外交风险

中国是世界上周边环境最为复杂的国家之一。从周边国家数量的角度来看，中国是世界上邻国最多的国家，也是周边国家最多的大国。目前，中国有20个邻国①，包括14个陆地邻国和6个海洋邻国。陆地邻国有俄罗斯、哈萨克斯坦、吉尔吉斯斯坦、塔吉克斯坦、蒙古、朝鲜、越南、老挝、缅甸、印度、不丹、尼泊尔、巴基斯坦、阿富汗，海洋邻国有日本、韩国、马来西亚、印度尼西亚、文莱、菲律宾。从周边国家发展道路的角度来看，既有资本主义国家，也有社会主义国家；既有传统国家，也有转型国家。从战争的角度来看，既有像日本这样的"二战"策源地国家，也有像东南亚国家、韩国和朝鲜这样的战争受害者国家。从宗教信仰的角度来看，既有信奉伊斯兰教的伊朗、巴基斯坦和印度尼西亚，也有信奉佛教的印度和缅甸，还有印度教、基督教、东正教、日本武士道等多样化的宗教信仰或者文化流派。从世界文明发展的角度来看，中国周边也是中华文明、印度文明和西方基督教文明相互碰撞、相互融合情况最为复杂的区域之一。另外，从大国政治的角度来看，中国的周边既有大国，也有大国的军事盟国和影响区域，如俄罗斯与中亚，印度与南亚，美国与东北亚的日本、韩国，美国与东南亚的菲律宾和新加坡。从某种意义上来说，中国是被大国环绕或者被大国政治权势所环绕的国家。中国周边国家的多元性和周边环境的复杂性，都决定了中国周边外交的艰巨性、敏感性和重要性，这也是中国周边外交存在一定风险点的客观原因和现实。

周边外交在中国外交布局中一直占据着重要位置，中国政府也一直奉行积极谨慎的周边外交政策。但是在地缘条件、历史关系以及域外大国等诸多因素的作用下，中国与周边国家的关系在现阶段出现了

---

① 历史上中国周边有21个国家，其中内陆国家锡金原来也是中国的邻国，后来锡金被印度兼并。

一定程度的波动，周边安全风险加大，尤其是在中美关系失衡和美国调整对华战略的影响下，中国与许多周边国家的关系都出现了一些新变化。中国有那么多周边国家，互相间发生分歧与争端，将会是个"新常态"。① 这既是双边关系历史进程中必然发生的问题，也是地缘条件发挥作用的必然结果和域外大国采取离岸平衡战略遏制中国的逻辑必然，更是周边国家意图借助大国平衡战略争取国家利益的突出体现，因此，一定时期内中国与周边国家的关系风险难以避免，而这种周边关系风险给中国的周边外交以及中国的发展环境带来了一定的消极影响和压力。中国政府既要理性、客观地认知中国周边地缘环境的变化及其风险，也要采取积极作为的有效方式沉着应对，巩固中国国家发展的环境基础。

在此，离岸制衡（Offshore Balancing），也被称为"离岸平衡手"，是进攻性现实主义（Offensive Realism）的代表人物约翰·米尔斯海默在其著作《大国政治的悲剧》中提出的概念。在该书中，米尔斯海默将其定义为："这些远处的霸权通常喜欢让地区大国来制衡热衷于追逐霸权的国家，它们则坐山观虎斗。但有时这种推卸责任的策略并不可行，遥远的霸权国家不得不插手以平衡崛起中的国家。"② 他认为，获得地区霸权的国家本质上在其他地区扮演"离岸平衡手"的角色，推卸责任，让地区大国来制衡追逐霸权的国家，只有在推卸责任不起作用时，才直接插手以平衡崛起中的国家。简而言之，"离岸平衡手"会采取两种行为模式：推卸责任与直接介入。他鉴于中美两国的地理特点、现实政治的发展状况以及美国对中国的态度认知，认为美国应当遏制中国的崛起，并根据历史经验扮演"离岸平衡手"的角色。

从次区域分布的维度来看，中国周边的地缘政治风险基本可以从以下方面进行考察。

---

① 参见石源华：《中国周边已经出现新的"三个世界"架构》，《世界知识》2017年第15期。
② 约翰·米尔斯海默：《大国政治的悲剧》，王义桅、唐小松译，上海人民出版社2018年版。

第一，东北亚地区的风险挑战。东北亚区域局势和国际关系给中国带来的风险挑战主要围绕着中日关系、中韩关系以及朝核问题而展开。首先，由于钓鱼岛问题、日美同盟以及日本政府对待的历史态度问题等因素的影响，2012年以来，中日关系进入了"寒冬期"，两国关系一度极其紧张。虽然近期两国关系有松动迹象，中日元首实现多次会晤，但是包括钓鱼岛在内诸多核心问题依然没有解决，两国关系发展依然存在极大不稳定性和不确定性。其次，2016年萨德系统入韩以来，中韩关系出现了极大的震荡。萨德系统在韩国的部署不仅对中国的领土安全构成了极大的威胁，也对东北亚以及朝鲜半岛局势产生了负面影响。最后，半岛核问题是地区问题，也是大国关系问题；是历史遗留问题，也是现实政治问题。由半岛核问题所产生的不定期区域紧张局势对中国的东北边疆构成了直接的安全威胁。地缘条件的特殊性以及域外大国对东北亚地区的直接或间接控制或影响，都给中国带来了一定的风险。

第二，东南亚地区的风险挑战。东南亚地区的地缘政治风险主要来自以下方面：一是南海局势的影响，二是中国与东南亚国家关系演变所带来的风险挑战。南海问题由来已久，尤其是2010年以来，南海局势更趋复杂，主要是域外大国对南海事务的介入程度比以往更深，域外因素对南海周边国家关系的干预更多。目前，以美国为首的西方势力频繁插手南海事务，打着维护海上航行自由的幌子，不断在南海地区刷"存在感"，加剧南海地区的紧张局势，增加南海地区军事竞赛的风险。美国、印度等国家南海政策的转型客观上增加了南海地区风险的可能性，给中国的周边安全带来了更多的不确定性。另外，中国与东南亚国家关系在历史遗留问题、南海领土争端、大国因素影响以及华侨华人问题等因素的综合作用下，也呈现出更趋复杂的发展趋势，尤其是中国快速发展给东南亚诸国带来了严重的不安全感和不信任感，各国纷纷采取大国平衡战略，试图借助域外力量平衡中国在地区格局中日益增强的影响力和作用力。如何增进东南亚国家与中国的战略互信，消弭东南亚国家对中国崛起的战略不安和忧虑，是削减和化解东南亚地区安全风险的关键。

第三，中亚地区的风险挑战。中亚是中国周边外交的优先方向，是"一带一路"建设的重点区域。中国与中亚诸国的双边关系整体上呈现出积极正向发展的趋势。自从中亚国家独立以来，中国与中亚诸国都建构了平等信任、相互尊重的战略伙伴关系，中亚地区是中国伙伴关系外交整体水平最高的区域之一，但风险挑战依然存在。在中亚地区，中国所面临的风险挑战主要来自"三股势力"。所谓"三股势力"，指暴力恐怖势力（如拉登就是恐怖主义组织头目）、民族分裂势力（如俄罗斯车臣非法武装组织）、宗教极端势力（如乌兹别克斯坦的伊斯兰运动组织）。它们采取极端和恐怖的方式危害国家和社会安全稳定，是中国西部边疆面临的主要安全风险。西部边疆与中亚诸国存在着极为复杂的宗教和文化联系，极端势力通常依凭特殊的宗教文化联系，以中亚地区的分裂组织或恐怖组织为基地，对中国的西部边疆安全造成了极大的风险挑战。

第四，南亚地区的风险挑战。从国家规模和综合国力来看，中国是周边大国最多的国家，除了东北亚地区的日本、俄罗斯之外，南亚地区的印度也是个对地区和国际事务具有重要影响力的区域性大国。正如中国与东北亚地区的日本的关系一样，中国与南亚地区的印度也存在着历史性的关系压力和现实性的领土纷争，中国与印度的关系是该区域内国际关系发展演变的指标性影响因素，因此，中印关系的复杂性是中国在南亚地区面临的最主要的潜在地缘政治风险。中印之间不仅有边界争端问题，也有发展竞争问题，"龙象之争"不仅会对国际格局产生深远的影响，也会给中国发展带来极大的地缘政治挑战。此外，围绕克什米尔问题而纷争不断的印巴关系始终面临着冲突升级的不确定性，给地区安全局势带来了极大的压力。而且印巴两国均为拥核国家，两国关系的不确定性和不稳定性不仅会带来地区冲突的风险，也会带来核战争灾难性冲突的可能。印巴关系和南亚局势的变动，都对中国构成了极大的地缘政治风险挑战。

二、地缘经济风险

在全球化进程面临不断挑战和冲击的背景下，地缘经济议题也变得日益复杂和多变。在地缘经济中，地理因素是基本要素，一个国家的地理区位、自然资源会对该国的发展和经济行为产生重要影响。地缘经济正是研究如何从地理的角度出发，在国际竞争中保护国家的自身利益。人类在地球上活动受地理条件的限制，在国家的经济活动中，总是选择与邻近地区合作。地域上的连接产生的经济关系被称为地缘经济关系。地缘经济关系通常表现为或者是联合和合作即经济集团化，或者是对立乃至是遏制、互设壁垒等。前者被称为互补关系，后者被称为竞争关系。地缘经济最主要的表现形式为区域经济一体化，而区域经济一体化发展的最主要形式或载体是区域贸易一体化，或者说是自贸区建设。

世界经济的发展基本上存在两种趋势：一种是全球化，另一种是区域化，两者相辅相成，彼此促进。全球化使各经济要素在全球范围内更快、更好运动，资源配置也更趋优化、更趋高效，各经济体之间的相互联系和相互作用也更密切。区域化使区域经济资源得到更大程度的整合优化，区域经济活力和效力更高更好。但是，一段时期以来，逆全球化暗潮涌动，单边保护主义、极端民族主义不断抬头，对全球化和区域化进程都构成了极大的挑战，尤其是美国特朗普政府的"美国优先"政策更是加剧了这种挑战。中国作为一个区域性和全球性大国，在全球经济发展和区域经济繁荣过程中发挥了重要作用，但是面对地缘经济形势的新变化，中国的发展也面临着重大的风险挑战。

(一)东亚区域经济一体化存在的风险

目前世界上存在三大主要的经济发展中心，分别是欧盟、北美和东亚。从区域经济的角度看，欧盟和北美已经建立了自由贸易区，经济一体化的框架已经建成，只是自贸区的一体化程度有所差异而已，而东亚地区作为近些年来世界经济增长的主要动力源和引擎，区域经济一体化的进程却进展缓慢，区域性的经济合作安排依然处于建构过程之中。

东亚区域经济发展现状对中国开展与区域内国家经济交往产生了一定的消极影响，也给中国的经济发展带来了一定的地缘经济风险。首先，宏观性区域经济合作机制的缺失，对双边性经济关系发展产生了消极的系统影响。双边经济合作缺乏制度支撑，缺少协调信任和意愿，难以形成普遍性的经贸规则体系和治理体系。其次，区域性合作框架的不健全，导致区域内国家之间经济竞争与摩擦不断，难以形成区域性经济发展合力。随着经济力量的不断增强，中国与传统的经济大国日本，与发展潜力巨大的印度，与经济结构和资源禀赋具有极大相似度的越南等国家之间的经济博弈不断加强，中国经济发展面临巨大的地缘条件挑战。最后，东亚区域经济一体化安排的缺失，减弱了东亚地区参与国际经济发展进程的作用和影响。尽管东亚是世界经济增长的"火车头"、动力源，但是松散的区域经济制度安排，使东亚地区作为整体参与国际经济治理的力量，逊于欧盟和北美自贸区，与此同时，对于中国参与国际经济合作也产生了不利影响。东亚区域经济一体化不仅是中国加强区域经济凝聚力和区域经济整合力的重要抓手，也是中国扩大国际市场影响力和占有率的重要平台和媒介。

另外，东亚地区范围内的次区域经济合作框架虽然已经有所建构，但是尚不健全，且作用和效果尚需加强。虽然东北亚地区的中日韩三边贸易协议,东南亚地区的"10+1""10+3"等合作机制,以及亚太经济合作组织等,都为推动东亚地区的经济繁荣发挥了积极作用。但是,中日韩自贸区的谈判进程推进缓慢,"10+1""10+3"等合作机制面临着转型升级困难,APEC框架下的大国竞争也日益激烈,跨太平洋伙伴关系协定(TPP)也在2017年1月美国退出谈判进程之后,变成了由日本和越南推动的全面且先进的跨太平洋伙伴关系协定(CPTPP),亚太地区的区域经济合作进程再一次受到极大的冲击。中国在次区域经济合作体制机制内的作用受到了一定的制约和限制,因而给中国的经济发展带来了一些风险挑战。

随着"一带一路"世界经济合作机制的不断成熟和完善,加强中国与东亚地区国家之间的经济联系和交往,增加中国与东亚地区国家之间的互惠性和互利性经济合作,打造中国与东亚地区国家的利益共同体和命运共同体,全面提升区域性和次区域性经济一体化的水平,是中国化解地缘经济风险的一种重要路径。

(二)区域全面经济伙伴关系存在的风险

区域全面经济伙伴关系(RCEP),由东盟10国于2012年在泰国曼谷发起,邀请中国、日本、韩国、澳大利亚、新西兰、印度共同参加("10+6"),通过削减关税及非关税壁垒,建立16国统一市场的自由贸易协定。其涵盖约35亿人口,GDP总和达23万亿美元,占全球总量的1/3,所涵盖区域将成为世界最大的自贸区。RCEP是基于WTO规则体系的更高水平的区域性自贸协议,这是推动区域自贸区发展的一种区域性努力和尝试,也是共同应对全球经济挑战增大和地区经济发展问题的一种价值共识,因此,RCEP谈判进程的启动和推进对于东亚区域经济合作具有重要推动作用。

区域全面经济伙伴关系协定(RCEP)谈判于2012年11月正式启动,参与方包括东盟10国、中国、日本、韩国、澳大利亚、新西兰和印度共16国。RCEP谈判包括货物贸易、服务贸易、投资、经济技术合作、知识产权、竞争政策和争端解决等议题。2017年11月，中国国务院总理李克强出席首次RCEP领导人会议。2019年11月，在第三次RCEP领导人会议上，15国（不包括印度）完成谈判，共同发表联合声明。

但是，从RCEP启动至今，谈判过程已经持续了近8年，16国在一些问题上依然未取得突破性的进展。2019年11月，在第三次RCEP领导人曼谷会议上，在各方努力下，基本完成了谈判进程，并有望在当年签署自贸协定，这是RCEP发展的重要转折点，然而，由于印度对谈判的相关问题表示异议，拒绝发表会议联合声明，这给贸易协定的签署又增加了不确定因素。另外，作为一种全新的贸易合作安排，RCEP的成功签署与顺畅运转之间还存在着极大的差距，尤其是在这一框架下，中国、日本、印度、澳大利亚等国家之间的经贸合作依然存在着诸多风险挑战。因此，作为区域经济一体化合作的成功实践，RCEP仅仅是迈出了前进的一小步，如何化解和规避实际运转过程中可能对中国经济发展构成的风险挑战，也是中国参与区域经济合作需要考量的一种地缘经济风险。

三、国家安全风险

当今世界正在面临百年未有之大变局，国际格局深度调整，国际关系处于大变革大重组之中，世界安全形势严峻。面对错综复杂的国际环境新变化，中国政府制定了综合国家安全观，成立了中国共产党中央国家安全委员会（国安委），先后发布了中国国防白皮书和中国核安全白皮书，中国政府从顶层设计的维度加强了国家安全体系建构。但是，中国所面临的国家安全风险挑战依然不容忽视，从总体层面看，中国面临的国际安全风险主要来自两个维度，一是传统安全领域，二是非传统安全领域。

（一）传统安全风险

传统安全议题一直是国家间关系的核心议题，传统安全议题是民族国家的存续问题，始终是各国普遍关注的重大问题。一般意义上的传统安全主要包括国家领土主权安全以及军事国防安全，都涉及国家的核心利益，也都是国际事务中的高敏感性问题，因此，无论是对于单一的主权国家来说，还是对于国际社会来说，传统安全都是最被关心、最为重要的问题。新的历史时期，随着中国所处环境和所面临问题的剧烈变化，中国所面对的传统安全风险形势日益严峻。

1. 国土安全

中国不仅具有辽阔的边疆，也具有漫长的海岸线，长期以来，中国的领土安全都面临着复杂的挑战。历史上，中国与周边国家发生过多次领土战争，中国与邻国的边界区分问题一直是制约国家间关系发展的指标性问题。

目前，在陆地边界问题上，中印之间的领土纷争依然僵持不下。2017年的洞朗事件再次表明，两国的边界争端时刻面临着激化的风险，这对中国西部边疆安全构成了严重的威胁。中印之间的领土争端既有历史原因，也有印度民族主义政治的影响，在有限的时间区间内，解决两国领土争端的预期不甚明朗，边界问题依然是制约两国关系纵深发展的核心议题。另外，近些年来，印度同中国在国际舞台上的战略竞争趋势日渐加强，无论是在南海问题上，还是在美国制定的印太战略布局中，以及美印关系协调中，印度针对中国的战略意图都日趋明显。在这种战略调整下，印度政府通过边界争端，挑战两国关系发展、威胁中国边疆安全、掣肘中国崛起进程的利益诉求将会不断增强，因此，由两国边界争端问题所产生的国家领土安全风险不容忽视。

在海洋领土争端中，钓鱼岛问题和南海问题是影响中国海洋领土安全的两大问题。无论是钓鱼岛问题还是南海问题，短期内解决的可能性都很小。钓鱼岛争端虽然在中日关系总体推进的大背景下，未再出现类似2012年争端升级事件和紧张局势，但是在日本右翼势力以及外部势力的双重影响下，日本政府的钓鱼岛政策出现大幅度转型和变化的可能性不大，钓鱼岛主权争端依旧是中日关系中极度敏感的议题。对于中国来说，钓鱼岛不仅具有十分重要的战略意义，而且在保障中国的主权权益以及领土完整方面具有极其重要的地位。与钓鱼岛争端相比较，南海问题更复杂，更难解决。南海争端涉及越南、菲律宾、马来西亚等多个国家，存在争端的不仅有岛屿岛礁，还有海洋边界划线以及海洋权益争端。影响南海问题发展走向的因素不仅包括中国与争端相关方的政策调整和战略布局，也包括以美国为代表的域外国家的介入和干涉。南海争端本是中国与相关主权申索国之间的双边矛盾和纠纷，但是目前南海争端的国际化、扩大化趋势已经日益清晰，南海地区的不稳定因素日趋增多。当前的南海局势虽然总体可控，并且呈现出一定的积极取向，但是美国以"南海航行与飞越自由"为依据，频繁在南海地区举行军事演习，多次派遣舰队驶入中国岛礁邻近海域，大秀美国"军事肌肉"，频频对中国进行军事挑衅，对中国的领土主权和安全构成严重的威胁。因此，在美国等域外国家的干涉下，南海地区的和平稳定局势将受到极大的挑战，南海主权声索国借助域外大国平衡中国影响力的战略选项依然没有变，中国维护国家领土主权的难度也将加大，中国所面临的挑战也将更加多元、复杂。因此，钓鱼岛争端和南海争端，是中国海洋领土安全所遭受的两大风险挑战，这种风险在一定时期、一定范围内将会继续存在，并且还有加强甚至激化的危险。

2. 国防安全

国防是国家存续的根本性保障，国防力量是保证国家安全的最主要力量。随着国际形势的剧烈变动,国际军备竞赛的趋势不断加强,中国的国防建设面临着诸多新的挑战,中国国防现代化的进程也面临着巨大的外部压力。

第一,随着第三次产业革命和技术革命的到来,高精尖技术在军事国防领域的应用大幅度提升,以高科技为基础的先进武器研发成为各国提升国防能力的基本诉求。在军事科技更新升级的过程中,美俄等国家凭借优势的科技水平以及军事装备基础,大力开发先进武器,强力发展军工产业,强烈追求对别国的绝对军事优势。新一轮科技革命给世界带来了巨大的改变,这种改变的消极影响给世界的和平稳定带来了极大的不确定性。中国政府始终坚持积极防御的国防战略,不称霸,也不谋求强权,中国的国防力量是为中国的国土安全服务的,并不寻求对他国的威胁,因此,新科技影响下的军事科技发展对中国构成了实质性的压力与挑战。

第二,随着国际格局和地区形势的复杂演变,国际社会所面临的战争风险也在不断加大。国际政治权力结构出现了历史性的变化,国家博弈也出现了历史性的加剧,民族矛盾、种族冲突日益严峻,地区性问题与全球性问题并行演进,冲突及战争风险不可回避。尤其是在美国大力发展战术性核武器的推动下,国际核危机和核冲突的风险进一步加大。虽然世界性战争的可能性尚不凸显,但是局部冲突和战争时有发生,无论是中东地区的冲突,还是南亚地区的印巴冲突,战争的威胁始终存在。在全球化深度发展的时代,国家之间的联系以及相互依存日趋加深,任何国家都不可能置身于外,尤其是大国。战争风险客观上给中国的国防建设带来了不小的压力。

第三,随着美国相继退出《中导条约》和《反导条约》,国际军控体系遭受了严重的破坏,国际裁军进程受到严重打击。"退约"模式的开启,打开了全球军备竞赛的"潘多拉盒子",对国际军控和裁军都构成了直接威胁。另外,全球核扩散形势随着朝核问题与伊朗核问题的日益复杂也呈现出消极演变的趋势，核战争的风险进一步加大。因此，世界军事安全形势和核安全态势的变化，也对中国的国防安全造成了极大的外部压力。

（二）非传统安全风险

总体来看，非传统安全问题在国际关系中的重要性呈现出加强趋势，尤其是在国际恐怖主义和全球性危机的影响下，非传统安全日益成为影响世界和平与稳定的重要因素。从非传统安全所涉及的主要议题看，可以把当今世界主要面临的非传统安全风险分为如下几类：一是国际恐怖主义风险；二是跨国犯罪风险（包括海盗、毒品交易、人口贩卖、走私、偷渡等）；三是公共卫生安全风险；四是环境安全风险；五是网络安全风险；六是资源安全风险。

1. 国际恐怖主义风险

进入 21 世纪以来，尤其是"9·11"恐怖袭击以来，恐怖主义威胁成为国际社会面临的最大的非传统安全威胁，并且恐怖主义的影响范围和深度也在进一步的加强，恐怖主义已经成为国际社会共同的安全隐患。在国际社会的共同努力下，国际恐怖主义趋势得到了一定程度的遏制和缓和，但是在某些特定区域以及敏感议题上，恐怖主义危机却呈现出一定程度的复杂化和激化趋势。虽然美国进行了针对本·拉登的阿富汗反恐战争、针对萨达姆的伊拉克战争等，但是，无论是阿富汗地区的恐怖组织还是中东地区的极端宗教势力都没有得到真正的解决。阿富汗地区的塔利班组织依然保留着强大的实力，中东地区的伊斯兰极端组织仍然在积极活动，地区安全形势极其严峻。2020年年初，美国对伊朗军事领导人所实施的"斩首行动"，更是增加了国际恐怖主义组织疯狂报复的风险。因此，无论是在全球范围，还是在特定区域，恐怖主义的风险都表现出上升的趋势。

对于中国来说，不仅面临的国际环境风险压力加大，中国自身所面临的恐怖主义风险也在加强。从根本上看，恐怖主义给中国带来的安全风险主要包括两种：一种是间接威胁，也就是国际安全形势所产生的系统性效应；另一种是直接威胁，即恐怖主义组织实施的直接针对中国的恐怖主义活动。恐怖主义的直接威胁又可分为两种情况：一是针对中国本土以及中国国内民众的恐怖活动，比如新疆地区的暴恐活动、云南火车站的恐怖主义暴乱，以及发生在天安门广场的恐怖主义自焚事件等，都是境外的恐怖主义组织策划实施的恐怖活动，给中国的社会安全以及人民的生命财产安全都带来了严重的危害，也对中国的国家安全构成了极大的挑战；二是恐怖主义组织所策划的针对海外中国人和中国海外机构以及其他国家利益的袭击和破坏活动，比如近些年在全球多地发生的绑架中国人质事件，以及针对中国驻外办事机构的袭击事件等。随着中国与国际社会互动频率、相互作用与影响程度的加深，中国在海外的国家利益将会越来越多，与此同时，中国海外利益所面临的风险挑战也将越来越多，其中也包括国际恐怖主义的风险挑战。由于中国在海外地区维护国家利益的手段和方式相对有限，采取行动的程度和范围也相对有限，因此，国际恐怖主义针对中国海外利益的恐怖威胁更大。

无论是国际社会事件所产生的环境性压力，还是恐怖主义针对中国本土的暴恐冲击，以及中国海外国家利益所面临的风险挑战，都是中国发展所遭遇的巨大安全压力。采取有效措施，防范恐怖主义所带来的非传统安全风险，化解来自国际恐怖主义的安全压力，维护中国崛起的历史机遇，是中国现代化进程中不可忽视的重要议题。

2. 跨国犯罪风险

通常而言，跨国犯罪（transnational crime）指犯罪行为或者犯罪交易发生在多国的犯罪，即国际性的犯罪。2000年通过的《联合国打击跨国有组织犯罪公约》，对跨国犯罪做了规范性的界定。无论是犯罪行为的过程，还是犯罪行为所产生的影响，跨国犯罪都超过了主权国家的边界，因而，从国家安全的范畴来考量，跨国犯罪因其自身的跨国性、复杂性以及棘手性而给国家安全带来了较大的风险挑战。不同的地区、不同的国家具有不同的历史文化传统，以及不同的法律体系和对《联合国打击跨国有组织犯罪公约》的接受程度的差异性，这些都决定了打击跨国犯罪的难度。随着国际形势以及世界政治经济秩序的变动，跨国犯罪所带来的消极影响越来越大，在非传统安全框架中的地位和影响也在不断凸显，跨国犯罪日益成为威胁世界和平稳定的重要风险挑战。

跨国犯罪有很多种，其中常见的有海盗活动、毒品交易、人口买卖、偷渡、走私活动等。近些年来，不仅全球范围内的跨国犯罪形势愈加严峻，中国周边的跨国犯罪活动也日益猖獗，中国面临的跨国犯罪风险挑战不容忽视。2019年10月发生在英国的集装箱藏尸惨案引起了世界对偷渡的广泛关注，加勒比海地区复杂严峻的海盗活动给国际航运带来了巨大的安全挑战。中国政府与世界各国一道，为全面、有效地控制国际犯罪活动采取了积极措施，其中，亚丁湾地区的护航行动，是中国政府践行国际义务和大国担当，维护世界和地区和平稳定而采取的最为有效的打击国际犯罪行动。从2008年底开始，中国海军在亚丁湾索马里海盗频发海域执行护航任务，这是中国中央军委根据联合国有关决议，参照有关国家做法，并得到索马里政府的同意后进行的护航行动。该护航行动不仅保护了在该海域航行的中国船舶和人员的安全，也保护了世界粮食计划署等国际组织运送人道主义物资船舶的安全，这既是为中国的国家利益护航，也是为世界和平护航。另外，中国还与东南亚国家密切合作，严厉打击金三角地区的毒品交易活动，还与世界其他国家以及有关国际组织合作打击非法移民、走私枪械等非法活动。中国应对跨国犯罪的态度和行为都是积极的，但是整体的跨国犯罪风险依然存在，该风险对中国发展造成的挑战依然存在，因此，必须认真对待和处理。

3. 公共卫生安全风险

公共卫生安全问题既是一个内政问题，也是一个国际性问题，尤其是在全球化日益深入、国家互动日益密切的当今时代，任何国家都无法逃离。这是一个依存度和关联性空前密切的时代，"蝴蝶效应"的影响不容忽视。公共卫生安全风险主要指发生在一国或者一地区范围内的公共卫生问题，由于特殊条件和特殊原因，其所产生的影响和作用超出了一国或一地区的范围，从而具有全球性特征和国际性影响，尤其是突发性疾病或者流行性病毒传染。

近些年来，公共卫生领域所产生的安全风险呈现上升趋势，比如禽流感、非洲猪瘟、非典型性肺炎，以及2020年初发生在全球范围内的新冠肺炎疫情，这些都是造成全球性影响的公共卫生事件。面对严峻的公共卫生安全风险挑战，如何有效防控和治疗，保护国家发展利益和世界和平稳定，是各国政府共同面对的时代命题。2020年初暴发的新冠肺炎疫情，是继2003年非典之后中国内地暴发的又一次重大公共卫生事件，其影响范围之广、涉及人口之多、疫情防控形势之严峻，都是新中国历史上极为罕见的。在中国政府的强力指导下，中国境内的疫情防控取得了重大胜利，有力地保障了人民群众的生命健康安全，维护了中国国内的公共卫生安全。但是，新冠肺炎疫情在全球范围内的快速传播和发展，却极大地改变了该疫情的发展样态和影响效果，导致新冠肺炎疫情成为国际性的大流行病，给世界各国都带来了严峻的安全风险挑战。在控制和扭转自身疫情局势的同时，如何应对国际疫情对中国公共卫生安全所带来的挑战，则是中国政府面临的重大风险考验。

如今，公共卫生安全问题已经成为一个备受关注的全球性议题，如何有效防治新冠肺炎疫情成为国际社会共同的任务，公共卫生安全再一次成为国际事务中最紧迫、最危急的议题。面对公共卫生安全的风险挑战，中国政府除了总结自身的经验教训，还积极参与到国际合作之中，支援和帮助其他国家和地区，共同应对疫情的蔓延和发展。无论是公共卫生安全领域的"黑天鹅"事件①，还是"灰犀牛"事件②，都将对包括中国在内的世界各国产生直接的非传统安全风险威胁，都必须谨慎对待。

4. 环境安全风险

环境安全问题也称生态安全问题。在人与自然之间的联系越来越紧密，人、自然和社会的互动越来越频繁的时代背景下，生态安全已成为影响国土安全和国际安全的重要因素，是国家安全体系的重要基石。正如诸多的非传统安全问题一样，国家有边界，但是生态环境问题没有边界，环境问题是全球性问题，是人类共同面对的挑战。

生态安全指生态系统的健康和完整情况，是人类在生产、生活和健康等方面不受生态破坏与环境污染等影响的保障程度，包括饮用水与食物安全、空气质量与绿色环境等基本要素。健康的生态系统是稳定的和可持续的，在时间上能够维持它的组织结构和自治，以及保持对遭破坏的恢复力。反之，不健康的生态系统，是功能不完全或不正常的生态系统，其安全状况则处于受威胁之中。

由于工业化、城市化以及现代化进程的快速发展，生态环境所承受的压力越来越大，全球气温升高而带来的全球变暖，生物多样性破坏造成的多物种灭绝，温室气体过度排放、植被破坏与土壤沙化、空气污染等问题，都是人类面临的环境挑战。由于环境问题的长期性、复杂性、系统性、累积性等特征，生态环境破坏所带来的影响都是全局性的、跨国性的，并且是根本性的。生态安全是中国整体安全体系

---

① "黑天鹅"事件比喻小概率而影响巨大的事件。它具有三个特点，一是意外性，就是概率小，非常难以预测；二是影响面大，属于不同寻常；三是事后看，又好像能够找到某种发生的踪迹。

② "灰犀牛"事件比喻可预见、大概率发生，且冲击力强、影响巨大的潜在危机。灰犀牛体型笨重、反应迟缓，你能看见它在远处，却毫不在意，一旦它向你狂奔而来，定会让你猝不及防，直接将你扑倒在地。它并不神秘，却更危险。

的重要组成部分，中国所面临的生态环境安全风险既有来自国内的，也有来自国外的，从某种意义上说，来自外部的生态环境安全风险的不确定性更大、危险性更高、可控性更弱。例如，2020年初，由于气候变暖而引发的蝗灾，一直从非洲蔓延到印度、巴基斯坦，甚至对中国也构成了一定的威胁。这次灾害给当地人民的生活和经济发展造成了严重的危害，而且蝗灾的快速扩展性以及严重破坏性使受灾国家承受了巨大的安全压力。

目前，国际社会对环境问题的意识和行动在不断加强，《巴黎气候协定》是世界对环境治理做出的重大贡献，但是，由于政治因素和经济因素的影响，有些国家甚至有些大国对环境问题的态度依然不够积极，全球性的环境共同体意识仍需不断加强，生态命运共同体的建构仍需要世界共同努力。

5. 网络安全风险

互联网技术是人类文明进步的重要标志，也是新一轮产业革命与技术革命的主要动力和基本内容。互联网从产生那天起，就对人类的生活样态和社会演变进程产生了巨大而深远的影响，网络发展带来的不仅是技术和产业革命，也是人民生活方式和思维方式的深层次变迁，因此，互联网技术所产生的影响是全方位和立体的。

但是互联网在给社会发展和人们的生活带来有益条件的同时，也给人类发展造成了一些新的问题和困境，其中网络安全问题日益成为全球普遍关注的重要议题。黑客、网络攻击等概念逐渐成为世人关注的新词。网络攻击可以破坏一个国家的公共卫生系统、军事指挥系统和社会运转系统等，能够让一座城市甚至一个国家的电力、交通、金融系统全面瘫痪失效，互联网攻击所带来的危害是巨大的、难以承受的。因此，网络安全成为各国都高度重视的非传统安全问题。对于中国来说，面临的网络安全形势也不容忽视，尤其是西方某些国家利用技术优势对中国关系国计民生的重大项目工程进行破坏，通过网络技术窃取中国的国家秘密，破坏中国的经济社会发展。因此，中国必须加强对网络安全问题的重视，有效防控网络安全问题给中国带来的风险压力。

应对网络安全风险，一方面要加大网络领域的法律法规建设，充分、有效地打击各类网络犯罪行为，尤其是境外的网络攻击；另一方面要加强网络技术发展，提高自身的网络技术水平，增强防范和抵御外界网络侵犯的能力，从根本上阻断网络安全风险隐患。此外，还必须加大对公众的宣传力度，增强社会大众对网络安全风险的认知程度和忧患意识，自觉抵制各类网络犯罪行为，共同应对外部势力对中国所施加的网络安全压力。

6. 资源安全风险

资源是一国政治经济稳定发展和运行的重要保障，也是一国长治久安的物质基础和条件，因此，资源安全对于国家存续具有重要的价值和意义。资源安全是非传统安全的重要组成部分，资源安全包含很多方面，比如能源安全、粮食安全等。

随着全球资源结构的进一步深化调整，能源资源日益成为世界各国争夺的焦点，尤其是对石油、天然气等化石类能源的争夺，这些资源不仅是经济发展的"润滑剂"，也是国家战略体系的重要支柱。此外，粮食作为与人类生存关系最密切的资源之一，其对世界各国的重要性都是不言而喻的，尤其是对于一些贫穷落后的地区和国家来说，粮食问题是头等大事。虽然科学技术的发展和进步已经大大增加了粮食的生产量，也使全球范围内的粮食分布结构更加合理均衡，但是，由于不同的地理环境条件和发展水平，粮食紧缺问题依旧是一个全球性问题，自然灾害所造成的粮食短缺更是一些国家和地区面临的严峻挑战。因此，整体来看，全球的粮食安全形势依然不容乐观，吃饭问题是人类生存的最基本问题，粮食危机也是人类面临的最严重的危机，因此，粮食问题所衍生的次生危机是各国都不可忽视的重大议题。

因此，当前的世界资源安全形势并不乐观，全球资源安全结构存在着一系列的不足和缺陷，资源短缺和争夺所带来的资源博弈甚至资源战，是中国面临的主要外部环境风险之一。中国的经济社会发展需要充足的物质条件支持，能源和粮食等资源都是中国发展不可或缺的战略资源，在中国自身条件和他国政策的共同作用下，中国的资源安全面临着一定的风险挑战，因此，大力开拓国外资源市场，大量引进国外能源资源，充分做好资源的战略储备，是中国的经济社会发展可持续性推进的重要保障。

四、意识形态风险

20世纪90年代初，苏联的解体以及随之而来的国际共产主义的低潮，都标志着世界范围内的意识形态对抗结构发生了根本性的改变，以至于有西方学者用"历史的终结"来形容世界意识形态格局的剧变。然而，西方国家一直都未停止对非西方社会进行和平演变的努力，渗透与反渗透、和平演变与反和平演变之间的较量从未停止过。特别是21世纪以来，随着中国的和平崛起，中国特色社会主义事业取得了举世瞩目的伟大成就，科学社会主义在21世纪的中国焕发出了强大的生机和活力，世界范围内两种意识形态的历史演进及其较量发生了深刻的转变。中国的崛起和世界范围内科学社会主义的发展，引来了西方国家的战略忧虑和战略敌视，针对中国和世界其他社会主义国家的意识形态攻击日益加剧，外部环境的意识形态风险不断加大。

（一）国际共运处于低潮

苏联解体、苏共垮台、东欧剧变，世界社会主义遭受严重挫折，国际共产主义事业在全球范围内处于低潮状态，世界上的社会主义制度国家数量锐减，社会主义制度的国际影响力受到重创，社会主义制度在西方国家遭遇了较大挫折。从苏联解体到2020年，世界历史走过了近30年，在这近30年的发展进程中，国际共产主义事业总体上依然未实现突破性的发展，世界上的社会主义国家数量没有增加，社会主义制度在全球层面的整体影响力依然有限。另外，西方国家对社会主义制度的敌视态度依然没变，主要的资本主义国家依然在采取各种直接或者间接的方式压制社会主义国家的发展，压缩社会主义制度在全球范围内的影响空间，并且以多样化的方式颠覆社会主义政权，企图竭力推动"多米诺骨牌效应"在社会主义国家中蔓延。"多米诺骨牌效应"是指在一个相互联系的系统中，一个很小的初始能量就可能产生一系列的连锁反应。"多米诺骨牌效应"告诉大家：一个最小的力量能够引起的或许只是察觉不到的渐变，但是它所引发的却可能是翻天覆地的变化。和平渗透、颜色革命是西方国家惯用的手段和方式。

中国作为世界上最大的社会主义国家，经过成立以来70多年、改革开放以来40多年的艰苦努力，开拓进取，实现了中华民族从站起来、富起来到强起来的历史性飞跃。与此同时，在国际共产主义事业的伟大进程中，中国也创造了社会主义发展的辉煌业绩，科学社会主义在新的历史阶段呈现出来新的生机和活力。科学社会主义进入了新境界，两种社会制度的力量结构出现了新态势，两种意识形态、两种社会制度的历史演进及其较量，发生了有利于社会主义的深刻转变。中国的发展带来了世界社会主义发展的新变化，中国的崛起也宣告了"历史终结论"的终结、"社会主义失败论"的失败。

但是，全世界社会主义的整体力量依然相对薄弱，社会主义制度在全球范围内的影响力依然相对有限，在与资本主义的博弈中依然处于劣势，除了中国之外，世界上其他的社会主义国家发展水平都不高，国际影响力也都相对较小，全球社会主义的群体力量依然不强。并且随着以美国为首的西方国家对中国发展的猜疑和忧虑，资本主义世界对社会主义世界的意识形态攻击将会不断加剧，两种意识形态之间的碰撞甚至对抗也将日益激烈，因此，在这样的环境下，中国面临的意

识形态风险将会更加严峻。

（二）和平演变形势严峻

在当今的国际关系与国际事务中，和平与发展依然是世界的主要趋势，以战争形式更改国家间关系或者改变国家政治制度的机会可能性较小，一国通过暴力手段单方面颠覆另一国政权形式的国际行为越来越不被国际社会所接受，因此，一国干涉别国内政甚至改变他国政权基本是通过隐性的、和平的、非暴力的方式进行的，也就是通俗意义上的和平演变。

但是，在当今的国际格局和世界政治中，"颜色革命"具有一种特定的指代方向，即指资本主义国家对非资本主义国家的政权改变行为，尤其是指资本主义国家对社会主义国家所进行的政权更迭活动。当今世界正处在大发展大变革大调整的历史时期，世界权力结构也正经历着深刻的变革与调整，受百年未有之大变局影响的东西方关系也发生了历史性的转换，西方的衰落与中国的崛起形成了鲜明的对比，2020年德国慕安会的"西方缺失论"，充分体现了世界历史演变进程转换格局下的西方"迷失与焦虑"。在这样的国际格局中，和平演变再次成为西方国家谋求复兴和崛起的重要手段，中国所面临的和平演变形势愈加严峻。

西方国家对他国和平演变的方式有很多，比如颜色革命、和平渗透、街头政治等，但是所有的形式都具有几个共通的条件或因素。首先，它们都是通过和平的方式进行的，这是最基本的特征。2003年的萨达姆政权垮台和2011年的卡扎菲政权覆灭，又都不是和平演变的结果，尽管在两国政权的更迭过程中，西方国家都扮演了决定性的角色。其次，西方国家都是通过支持目标国的国内代理人来实现其政治目的，即西方国家很少直接参与目标国的政治活动，而是通过资金支持、国际舆论支持以及其他的物质支持来推动目标国的政变，从而支持亲西方的政权成立。再次，和平演变进程与目标国的国内政治进程具有一定的耦合性和互动性，大多数的和平演变活动都是通过目标国的国内政治事件或者社会动荡事件来实施的，或者说，目标国的国内政治稳定情况与和平演变的成败存在着极大的关联性。

世界上著名的颜色革命：有 2003 年格鲁吉亚的"玫瑰革命"，2004 年乌克兰的"橙色革命"，2005 年吉尔吉斯斯坦的"黄色革命"以及 2011 年的"茉莉花革命"引发的轰动世界的"阿拉伯之春"运动。2019 年下半年出现在中国香港地区的修例风波是街头政治的典型代表。无论是颜色革命，还是街头政治，都是西方国家以和平方式干涉他国内政、意图更改他国政权的政治行为。2019 年的香港修例风波给中国带来了严峻的意识形态风险考验，是新时代中国遭遇的最为严重的一次和平演变冲击。

面对新的世界情势和中国国情，我国务必要保持高度的战略警惕，时刻防御国外势力的和平渗透和和平演变图谋，坚决打击一切形式的和平演变活动，提高自身抵御风险挑战的能力，保证中国社会制度的持续性和长久性发展。

（三）外部干涉力度加大

近些年来，以美国为代表的西方国家对中国国内政治的干涉频率和力度呈现出不断加强的趋势，尤其是特朗普上台以来的美国政府，不断以人权的名义无端干涉中国内政，蓄意攻击中国政府和中国政权。发布与中国有关的人权报告或者法案，曲解和丑化中国政府，这是美国政府干涉中国内政的重要方式。除此之外，种族主义歧视以及国家污名化也是美国敌视他国的重要方式。新冠肺炎疫情暴发以来，美国政府不仅未曾对中国进行过国际人道主义援助，还采取多种手段和方式污名化中国，《华尔街日报》使用"东亚病夫"的称谓嘲弄疫情中的中国，美国总统和国务卿用"中国病毒"和"武汉病毒"的定义抹黑中国，攻击中国政府在疫情防控过程中所做出的努力和贡献，美国对中国政府的污名化行径成为其干涉中国国内政治的一种新方式和新手段。

在人权方面，美国出台了多部关于中国地方政府的报告和法案。2018年3月16日，美国总统特朗普签署"台湾旅行法"，这是继"与台湾关系法"后政治象征意义和实质意义最高的一项法案，严重冲击了中美关系的基础和台海和平的基础。2018年12月19日，美国总统特朗普签署"2018年对等进入西藏旅行法案"，美国单方面通过了关于中国西藏的法律文件，积极干预中国的内部事务，诟病中国的政治制度和社会制度。2019年12月5日，美国众议院又通过了涉疆"2019年维吾尔人权政策法案"，这是美国继涉藏"人权法案"之后出台的又一部干涉中国内政的法律文件。2020年3月26日，美国总统特朗普签署"2019年台北法案"，在全球新冠肺炎疫情极其严重的情况下，美国依然在极力干涉中国内政，充分体现了以美国为代表的西方国家对中国内政干涉的持续性和顽强性。美国通过这种报告和法律的形式干涉中国内政，挑战中国的国家制度，对中国的意识形态实施直接的威胁。

在互联网技术高度发达的当今世界，西方国家还通过价值输出、文化输出等方式，间接地威胁中国的国家政权安全，网络、自媒体、社交平台等都成为西方意识形态输出的新手段和新渠道。中国应当认识到意识形态建设的重要性和紧迫性，充分利用现有的技术资源和条件，坚守社会主义的文化阵地，保持中国意识形态的纯洁性和正确性。

五、全球经济风险

在相互联系日益密切的当今世界，全球经济的发展状态与每个国家都息息相关，每个国家的前途命运也都与全球经济的未来走向密切相连。中国作为当今世界的第二大经济体、新兴经济体的重要代表、最大的发展中国家，无论从哪一个维度或层面来看，中国的发展与世界的发展已经紧密相连，世界经济发展所存在的风险挑战也是中国发展所面临的风险挑战，无可回避，也不可轻视。

（一）贸易保护主义逆行风险

进入 20 世纪后半叶以来，尤其是进入 21 世纪以来，各大经济要素在全球范围内的流动速度空前加快，经济活动在全球范围内的扩展规模也空前增大，世界各国之间的经济交往也空前频繁和深入，全球化日益成为世界互动的一个显著标志，全球化浪潮推动下的世界经济发展需要各国之间的开放与合作，需要世界各国之间的交流与互动，全球化带来的是各国都参与其中的国际市场、国际供需关系、国际产业链、国际贸易，各国也在全球化底色中的国际经济活动中合作共赢。

但是，在极端民主主义和孤立主义等观念的影响下，贸易保护主义在近些年频繁出现，其中以美国在全球范围内掀起的贸易战为集中代表。2018 年以来，特朗普政府在"美国优先""美国第一"等执政理念的指引下，发动了针对中国的贸易战，实施多项措施，限制中美之间的经济往来，封锁中国的高科技企业，意图遏制中国经济发展。贸易战以来，美国已经多次对中国进出口的产品加征关税，极力打击和限制中国产品出口。另外，美国也把包括华为公司在内的多家中国高科技企业列入出口限制的"实体清单"，实行严格的技术封锁。2020 年 3 月 25 日，在全球新冠肺炎疫情高度严峻的情况下，美国依然坚持对中国的贸易打压，宣布对中国的部分产品重新加征 25% 的关税。中美贸易战已经持续了两年有余，但是在美国贸易保护主义的作用下，中美之间的贸易摩擦远远没有终结。

美国发动的对华贸易战，仅仅是美国贸易保护主义的一种表现，其贸易保护主义的广度和深度在全球范围内都呈现出一定程度的升级趋势。这种逆全球化的贸易政策，给世界经济发展带来了严重的后果，对世界经济的转型发展、全球经济的复苏以及世界经济的整体形势都带来了极为深远的消极影响，全球性的经济失衡风险进一步加大。面对美国挑起的贸易战以及贸易战影响下的全球经济形势，中国所处的外部发展环境出现了极大的不确定性和不稳定性，外部环境风险的压力明显增加，包括经济领域在内的中国发展都面临着极大的挑战。

中美贸易战，又称中美贸易争端、中美贸易摩擦，是中美经济关系中的重要问题。贸易争端主要发生在两个方面：一是中国比较具有优势的出口领域；二是中国没有优势的进口和技术知识领域。前者基本上是竞争性的，而后者是市场不完全起作用的，它们对两国经济福利和长期发展的影响是不同的。

2019年9月11日，国务院关税税则委员会公布第一批对美加征关税商品第一次排除清单；10月，美国商务部称将自10月31日起对中国3000亿美元加征关税清单产品启动排除程序；12月13日，中美第一阶段经贸协议文本达成一致，美方将履行分阶段取消对华产品加征关税的相关承诺，加征关税将由升到降；12月19日，国务院关税税则委员会公布第一批对美加征关税商品第二次排除清单。

当地时间2020年1月15日上午，中美第一阶段经贸协议签署仪式在美国白宫东厅举行。中方代表刘鹤与美国总统特朗普共同签署《中华人民共和国政府和美利坚合众国政府经济贸易协议》的文本并致辞。

（二）全球性经济危机风险

自从2008年国际金融危机以来，全球经济发展就陷入了长期不景气的慢速发展甚至停滞阶段。2018年以来美国发起的对华贸易战以及在全球范围内针对其他国家挑起的贸易保护主义措施，又对本就增长乏力的世界经济雪上加霜。近期以来，受新冠肺炎疫情全球暴发的影响，全球经济发展又一次遭受重创，全球产业链、供应链和价值链都受到严重影响，全球性股灾给世界经济发展造成了历史性的震荡，金融危机甚至经济危机的风险骤升，全球性经济萧条的灾难性后果成为世界各国普遍关注的重大议题。在 2020 年 3 月 26 日的 G20 特别峰会上，各国领导人除了就全球性疫情进行磋商之外，还就疫情之下的全球经济发展进行了讨论。然而，世界各国尤其是一些大国共同应对全球经济危局的未来行动依然存在极大的不确定性，全球经济的未来发展依然危机重重。

在国际经济形势极度严峻的情况下，全球经济增长将会受到重挫。经济发展动能不足，有关数据显示，2019 年的全球经济增速为 2.7%，比预期下降了 0.3 个百分点，2020 年的经济增速将会更低，甚至一些国家将会出现负增长。全球疫情影响下的世界经济发展遭遇了一次严重的危机考验，包括美国、欧盟和日本在内的世界各重要经济体都难以幸免。中国作为世界的第二大经济体，也是受疫情影响最为严重的国家之一，中国的经济发展面临着内外双重压力，尤其是疫情蔓延所引发的全球性经济发展风险，更对中国的经济发展造成了极大的冲击。如何应对全球性经济萧条的潜在风险，防止经济危机带来的系列次生危机，保持中国经济社会的健康有序发展，是中国未来一段时期内的重大战略任务。

（三）国际经济秩序受到冲击

第二次世界大战以来，全球范围内逐渐确立了以规则为基础的国际秩序，以联合国为核心的多边体系，以 WTO 为核心的多边贸易体制。在遵守国际政治经济秩序基本框架的前提下，各国开放合作，实现了共同发展。现有的国际经济秩序是世界经济有序运作的有效保障，现有的经济运行规则是世界经济良性发展的前提。然而，2018 年以来，美国发动对华贸易战，煽动了经济民粹主义与逆全球化在全球蔓延，对国际经济秩序构成了颠覆性威胁。绕开 WTO 争端解决机制，根据国内法挑起经贸摩擦；未经 WTO 授权、违规对中国商品大规模加征关税，美国的这些行为都显示了其对多边贸易体制的无视，使得

国际经济秩序面临空前险境。

另外,在现有的国际经济秩序中,以中国为代表的发展中国家整体处于劣势,无论是从规则的制定看,还是从世界产业结构和产业体系的构成看,抑或是从世界各国在全球经济治理中的话语权和议题能力看,又或者是从各国的发展机遇和发展成本看,发展中国家都处于劣势的地位,现有的世界经济格局与经济秩序还存在着诸多不合理、不公平和不平等的因素。改革旧的经济秩序,建构更加公平合理的国际经济新秩序是一个漫长而艰难的过程。如何克服不合理因素所带来的不公正对待,积极争取自身发展的正当权益,是中国在现有国际经济格局中应当考虑的重大问题。

一方面是经济秩序和经济规则遭受严重的破坏;另一方面是既有规则中的不合理、不公平因素影响和制约着其他国家的经济发展。在未来的世界经济格局演变进程中,中国和其他的发展中国家面临着两方面的压力和风险:一是面对经济大国无视别国正当利益,任意破坏现有经济机制和秩序的粗暴行为,如何坚持自身立场,争取合法权益,保护自身发展利益;二是面对旧的不合理的世界经济秩序和规则,如何改变自身的不利地位,改革不公正、不合理的因素,建构更加公平合理的新秩序和新规则。这既是包括中国在内的发展中国家在未来的发展过程中面临的两大风险挑战,也是这些国家在未来的发展过程中的两大重要任务。

六、全球治理风险

以联合国安全理事会为核心的全球集体安全体系,以国际货币基金组织和世界银行等为支撑的全球经济货币体系,以及以世界卫生组织、世界劳工组织、世界产权组织等为基础的全球民生、社会体系,都是第二次世界大战行将结束之际,在美国主导下建立起来的一系列国际合作机制,是全球治理的基础和基本框架,也是全球治理体系建构的基本组成部分,其为世界的和平与稳定、为全球经济金融稳步发展都做出了积极的贡献。

但是随着国际政治经济形势的深度演化以及国际格局的深度调整,全球治理体系面临着巨大的挑战,尤其是在美国单边主义以及特朗普主义的影响下,全球治理的难度加大。

(一)全球治理体系风险

全球治理体系机制遭到严重破坏。以联合国、国际贸易组织以及世界卫生组织等为代表的诸多国际组织和国际机构是全球治理的基本框架,也是各国参与全球治理的基本舞台和主要平台。但是近些年来,在特朗普主义的推动下,美国频繁破坏国际组织在全球治理中的作用,忽视国际组织在全球治理中的地位,一味地以美国优先为原则,任意破坏现有国际组织和机构的运行机制,尤其是在全球军控和防扩散方面,美国单方面退出多个军控条约以及国际核安全协议,这给国际治理带来了巨大的挑战。美国的"毁约"和"退约"行为给全球治理带来了极大的风险考验。

(二)全球治理理念风险

全球治理的新考验突出体现在治理理念上。"亚洲模式"与"英美模式"、"北京共识"与"华盛顿共识"之间的博弈一直没有停止,全球治理新旧理念、进步与保守力量的较量将继续存在。全球治理机制和体系改革本质上是理念的改革和变化。近几十年亚洲特别是中国发展及其模式的成功,与2008年以来西方治理体系在金融和经济危机中苦苦挣扎两者比较,反差很大。各国都在思考全球治理将来怎么办、怎么改革的问题。在中国理念与美国理念的博弈过程中,全球治理理念面临是前进还是后退的严峻考验。长期以来主导世界治理进程的西方理念，在新的历史条件和环境下，必将会与以中国为代表的新的更加公平合理的治理理念之间进行长期的较量。

（三）全球贫富差距扩大风险

目前，发达国家与发展中国家之间、一些国家内部的贫富差距不是缩小了，而是持续增大了。贫富悬殊不仅会影响世界和各国经济的可持续发展，而且由此引发的政治社会问题乃至政局动荡同时困扰发达国家和发展中国家，这是21世纪人类社会面临的第一大挑战和考验。经济合作与发展组织（OECD）报告显示，其34个成员国收入分配不公平程度已达近30年来之最。最富有的10%的人群的收入是最贫困的10%的人群收入的9.6倍，20世纪80年代，这一比例是7.1倍，贫富差距显然在扩大。贫富差距的全球性加剧所产生的风险是持续性的、深远的，其代表的不仅仅是经济问题，更重要的是政治和社会问题，所以贫富差距问题是一个系统性问题，其所带来的风险也是一个系统性风险，其对未来的世界政治与经济格局，以及未来的国际政治与经济秩序都将产生巨大的影响。联合国的《千年发展目标》对减少世界范围内的贫困人口做出了积极贡献，中国也在联合国的框架、"一带一路"、亚投行、金砖国家开发银行等机制下，大力推动世界扶贫工程，推动全球可持续发展，但是以美国为代表的西方国家合作积极性不强，世界可持续发展进程依然困难重重。

（四）地区冲突风险

一段时期以来，世界安全和地区冲突的挑战和风险有增无减。美国退出了《中导条约》和《反导条约》，《新削减战略武器条约》也将在2021年到期，全球军控的制度框架几乎崩塌，世界战略稳定的基础摇摇欲坠，世界的安全形势日益严峻。另外，世界主要拥核国家纷纷加快核武器的现代化进程，国际裁军名存实亡，核危机与核战争的风险骤然上升，地区冲突和局部战争的硝烟始终弥漫人间。

"阿拉伯之春"引发的中东局势剧烈动荡，已经演变成为不堪重负的"阿拉伯之冬"。伊拉克、埃及、利比亚、叙利亚、也门等国内动乱和战争不断，政治秩序崩溃，社会结构撕裂，恐怖主义肆虐，难民大量涌现，阿拉伯世界的地缘政治悲剧触目惊心。美国的"先战后撤"政策，深刻影响着该地区政治和安全局势走向。中东局势动荡使极端势力乘虚而入，控制区域不断扩大，长期动荡使地区大国矛盾上升，教派对立冲突加剧，巴以冲突、伊朗核问题等热点问题僵持不下，中东难以自拔的安全困境，不仅对中东经济社会带来灾难性后果，还波及世界能源供应，外溢效应明显。欧洲地区的乌克兰危机导致欧洲的安全形势恶化，俄罗斯与美国以及欧洲的战略对抗不断加剧。亚太地区，美国强力推行所谓的"印太战略"，频繁闯入中国南海进行挑衅，朝核问题在"金特会"之后也未取得任何实质性进展，区域安全形势不容乐观，美国对中国的战略遏制态势有增无减。另外，对东南亚以及南亚地区的安全风险，也不可掉以轻心。此外，在信息化和网络时代，网络争端乃至网络战的风险日益增大，亟须形成共识，在全球范围制定新规则，以规范网络行为，防止网络领域出现重大危机。

除此之外，随着中国参与全球治理范围的日益扩大，以及中国参与程度的日益加深，还必须加强对中国创设的全球治理机制的风险预判和应对。随着亚洲基础设施投资银行的正式运作，其所面对的外部环境风险日益受到关注，亚投行的成立正是因为有了中国的元素而备受质疑，因为有了第三世界的支持而备受疑虑，特别是当全球治理规则的制定者中出现了以中国为代表的第三世界的身影时，全球治理的既得利益者充满了担忧与恐惧，其必将对中国创设和主导下的国际治理体制进行全面的遏制和打压，因此，这也注定了中国参与全球治理的进程不会一帆风顺，中国也需要做好准备去应对在全球治理进程中可能的风险与挑战。

七、文明冲突风险

在漫长的历史发展过程中，人类创造了辉煌灿烂的文明，无论是印度文明、巴比伦文明、埃及文明和希腊文明，还是中华文明、基督教文明和伊斯兰文明，在不同的历史时空内，各个文明都创造了人类存在与发展的巨大奇迹，都见证了人类社会巨大的物质文化进步与发展。世界各个文明因为历史条件和地理环境的差异性，存在不同的表现形式和内容构造，但是，所有的文明样式都是人类智慧的结晶，都是人类区别于其他物种的显著标志。人类文明有地域差异，有形式差别，但是没有高低之分，没有贵贱之别，人类文明因差异而丰富，因区别而多彩。中国政府多次向世界阐释，文明多样性、文化多元性是世界文明的基本特点，相互包容、相互借鉴、共同发展、共同繁荣是世界文明共生的基本原则和路径。

但是，历史的悲剧也一再向世人表明，文明的对抗与冲突，一直以来都是人类发展的一个"噩梦"，以前的"十字军东征"，近现代以来的种族清洗和种族歧视，都是不同文化和不同文明对抗与冲突的表现。关于文明冲突，西方有一部著作进行了系统性的说明，那就是塞缪尔·亨廷顿的《文明的冲突与世界秩序的重建》。作者把世界上的文明分为中华文明、日本文明、印度文明、伊斯兰文明、东正教文明、西方文明、拉丁美洲文明和非洲文明八种文明样式，从各类文明的界定来看，不同文明具有明显的地域特性。此外，该著作还把世界文明分为西方文明和非西方文明，这种分类带有强烈的西方中心论色彩。文明冲突是建构国际政治秩序的重要力量，在 21 世纪的世界格局中，西方文明与非西方文明，尤其是西方文明与中华文明和伊斯兰文明之间的冲突将会更加频繁和剧烈，这是西方主流媒体的基本观点。也正因为如此，文明之间的冲突才日益成为影响国际关系发展的一个显性因素，尤其是近些年来，随着中国的崛起和西方的相对衰落，文明冲突的论调再次成为世界关注的焦点问题。

（一）文明误读与文明偏见

无论文明的存续时间长短以及文明的表现形式如何，所有的文明都是人类社会的瑰宝，都具有独特的魅力和价值，因此，不应当歧视或者贬低任何形式的文明。所有文明都是不同地区、不同族群的人们经过长期的历史积累和创造而产生的文化结晶，都是人类智慧的体现，这是文明的统一性特征。此外，不同区域和不同种族所形成的文明，也反映了具体的历史条件、环境特点以及民族性格，形成了不同的文明内容和表现形式，比如中华文明以儒家思想为重要组成部分，而西方文明则以基督教思想为根本内容，两种文明的内容、原则以及价值体系都存在着极大的差别，这体现了文明的多样性和多元性。

世界文明是多样性与统一性的有机体，这是世界文明最根本的特征，也是人们认知和理解文明的最根本原则。不同文明之间需要加强交流与互动，相互借鉴，互相学习，共同发展。另外，一种文明对另一种文明的认知与理解也要客观、理性，不应以自己的文明心态和价值标准去判断其他文明的发展和特性，不应存有偏见，更不应存有种族优越论和文明优越论，所有的文明都是平等的，这是理解世界文明的最基本的心理认知条件。此外，也不应把不同国家甚至不同地区之间的矛盾和争端无限扩大为不同文明之间的矛盾和争端，文明是一个更为复杂和更为广泛的综合系统，不可把某一领域的局部问题升级为系统性问题，这是当前处理国家间关系时尤需警惕的问题。

只有具备了正确的认知基础，世界各国对文明的理解和解读才不会偏离方向，文明之间的交流与互动才会更加良性和积极。在国际关系以及国际事务的演变过程中，思想观念、认知判断发挥着极其重要的作用，某种程度上，"所想"对世界的影响远大于"所做"，因为，观念是引导行为以及决定行为的先决条件，有什么样的心理认知就有什么样的动作行为，当然，心理条件的作用最终还要通过具体的行动表现出来，但是，心理条件在文明互动中的作用是不可忽视的。

近些年来，从西方国家针对中国所采取的一些行动可以看出，西方世界依然对中华文明存在着深深的误解和偏见。从 2020 年初新冠肺炎疫情中西方媒体公然使用"东亚病夫"以及"中国病毒"等来攻击中国，就可以看出在西方思想观念中民族优越论以及文明优劣论等依然存在，包括出现在西方国家中的一些辱华事件，剥离掉一些表面的影响因素，可以发现是深层次的文明对抗与文明冲突观念发挥着作用，这是一个值得中国高度警惕的问题。在全球化日益深入的时代，世界各国之间的相互联系与相互依赖程度超过历史上任何时期，在这样的背景下，西方国家依然存在着如此深的种族偏见与文明歧视，这将会给未来的世界发展带来极为不利的深远影响。

（二）文明冲突风险加大

当今世界是一个大变革大调整的世界，国际格局处于深度转变期，世界权力结构也在加速重构，国家之间的利益纠葛也日趋复杂和多元。在旧秩序解体、新秩序尚未形成的历史进程中，国家间博弈的烈度将会加剧，国际关系中的矛盾和争端也将会激增。复杂矛盾裹挟下的文明碰撞和对抗也表现得日益突出和明显。

在民族国家的时代，国家利益是国家互动以及国际交往的最根本动力，也是决定国际政治演变的最根本因素，因此，文化或者文明的差异性不再成为国家间关系存续发展的决定性因素，不同社会制度以及不同意识形态或不同文明体系的国家之间交往越来越多，联系也越来越密切，"地球村"逐渐成为世界共识。但是，在特定的历史场景中，在特殊的国内和国际条件作用下，文明差异或者文化异同也能成为国家间关系的敏感因素。近年来，随着中国的崛起，美国等西方国家对中国的敌视日益明显,认为中华文明的崛起威胁了西方文明的发展,中国的发展挑战了西方在全球的地位,采取多种形式攻击中国,"中国威胁论""中国崩溃论""新殖民主义"等在西方国家甚嚣尘上,大有中华文明与西方文明冲突一触即发的态势。

  文明冲突论是由美国政治学家塞缪尔·亨廷顿创建的一种关于世界文明互动关系的理论范式,其基本观点包括四个方面。其一,未来世界的国际冲突的根源将主要是文化的而不是意识形态和经济的,全球政治的主要冲突将在不同文明的国家和集团之间进行,文明的冲突将主宰全球政治,文明间的(在地缘上的)断裂带将成为未来的战线;国际政治的核心部分将是西方文明和非西方文明之间的相互作用。冷战后的国际政治秩序同文明内部的力量配置和文明冲突的性质是分不开的。同一文明类型中是否有核心国家或主导国家非常重要;在不同文明之间,核心国家间的关系将影响冷战后国际政治秩序的形成和未来走向。其二,文明冲突是未来世界和平的最大威胁,建立在文明基础上的世界秩序才是避免世界战争的最可靠的保证。因此,在不同文明之间,跨越界限(Crossing Boundaries)非常重要,尊重和承认相互的界限同样非常重要。其三,全球政治格局正在以文化和文明为界限重新形成,并呈现出多种复杂趋势:在历史上第一次出现了多极的和多文明的全球政治;不同文明间的相对力量及其领导或核心国家正在发生重大转变,文明间力量的对比会受到重大影响。一般来说,具有不同文化的国家间最可能的是相互疏远和冷淡,也可能是高度敌对的关系,而文明之间更可能是竞争性共处(Competitive Coexistence),即冷战和冷和平;种族冲突会普遍存在,在文化和文明将人们分开的同时,文化的相似之处将人们带到了一起,并促进了相互间的信任和合作,这有助于削弱或消除隔阂。其四,文化,西方文化,是独特的而非普遍适用的;文化之间或文明之间的冲突,主要是目前世界七种文明的冲突,而伊斯兰文明和儒家文明可能共同对西方文明构成威胁或提出挑战，等等。

面对西方国家的文明攻击，中国必须认真对待，加强文明交流的前提是文明共处共生，文明冲突甚至文明战争带不来文明和谐和文明繁荣。针对以美国为首的西方世界挑起的诸多带有文明冲突色彩的行为，中国必须保持高度的风险意识，有效规避文明冲突风险所带来的冲击和威胁。

当今世界正处于百年未有之大变局中，中国的发展和中华民族的伟大复兴也正面临着新的世情、国情和党情，中国也正处在从站起来、富起来向强起来伟大飞跃的历史机遇期，中国的发展离不开世界，世界的繁荣也离不开中国，这是当前中国与世界互动的总体特征。在中国崛起的历史进程中，外部世界既给中国创造了有利的环境与条件，也给中国带来了极大的压力。中国发展所面对的外部环境风险种类众多，层次不同，程度各异：有地缘政治因素，也有地缘经济因素；有传统安全问题，也有非传统安全问题；有经济发展风险，也有意识形态风险；有各领域的单一挑战，也有系统层面的文明冲突威胁。当然除此之外，还有其他不同类型和不同特点的风险考验，如国际治理等。中国所面临的外部环境风险是一个系统、一个综合体，外部环境风险对中国所产生的影响也是一个系统性影响，产生的结果也是一个多因素相互作用和相互影响的结果。外部环境风险的存在是客观的，外部环境风险的影响也是客观的，中国政府必须客观视之，谨慎应之，坚决治之。

第二章　外部环境领域重大风险的新特点

在经济全球化、社会网络化信息化、世界多极化的大环境下,世界正处于前所未有之大变局中,我国外部环境领域重大风险呈现出新的特点。

一、外部环境领域重大风险呈现面散点多特征

习近平总书记在2019年省部级主要领导干部坚持底线思维着力防范化解重大风险专题研讨班开班式上强调:当前,世界大变局加速深刻演变,全球动荡源和风险点增多,我国外部环境复杂严峻。国内风险与国外风险、传统领域风险与非传统领域风险、安全风险与发展风险相互交织,外部环境领域重大风险比历史上任何时期都要广泛。

(一)全球动荡源增多

1. 全球经济金融动荡源增多

从全球角度看,世界经济进入深度调整期。世界经济同时面临着基础不稳、需求不振、动力不足、速度不均、金融市场反复动荡、国际贸易和投资持续低迷等诸多风险和问题,世界经济充满了不确定性、不稳定性。

全球经济全面下行风险日益凸显。截至2019年10月,摩根大通

全球制造业 PMI 指数连续 6 个月位于荣枯线以下。① 2018 年，全球有 3 个国家的 GDP 增长率超过 8%，分别为非洲的卢旺达 8.67%、几内亚 8.66% 和欧洲的爱尔兰 8.17%；GDP 增长率超过 7% 的国家有 6 个，分别为孟加拉国、利比亚、柬埔寨、科特迪瓦、塔吉克斯坦和越南。GDP 增长率高于 6% 的国家有 18 个，高于 5% 的国家有 8 个，高于 4% 的国家有 23 个。但 2019 年这些国家的经济增长率都出现了不同程度的下滑。2019 年以来，国际货币基金组织（IMF）和经济合作与发展组织（OECD）等国际机构，接连下调对世界经济增长的预期，其中 IMF 就 4 次调整了预期，从最初的增长 3.7% 调减为 3%。

2019 年全球约 90% 的经济体 GDP 增速出现下调，发达经济体和新兴经济体 GDP 增速均较 2018 年下降 0.6 个百分点。2019 年 10 月 15 日，国际货币基金组织发布最新的《世界经济展望报告》，将 2019 年世界经济增速下调至 3%，较 4 月预测值下调 0.3 个百分点，这是 2008 年国际金融危机爆发以来的最低水平。IMF 还全面下调了美国、欧洲、中国和印度的增长预期。排在世界前 15 位的美国、中国、日本、德国、英国、法国、印度、意大利、巴西、加拿大、俄罗斯、韩国、西班牙、澳大利亚、墨西哥等主要经济体，2019 年的经济普遍不景气，欧元区和日本的经济处于负增长和微增长状态。韩国官方承认经济不振，法国经济停滞不前，英国市场和投资因"脱欧"风波处于动荡之中。甚至连一向被认为固若金汤的德国经济，也在世界经济恶化的大环境下，摇摇晃晃，出口下滑。印度等新兴经济体，前些年一直发展强劲，但 2019 年以来，印度经济连连下挫，据报道，从 2018 年的 6.8% 降到了 4.5%。中国经济虽然保持了少有的韧劲，增速依然强劲，在世界大国经济增长中一枝独秀，但与 2018 年相比，也因国内

---

① 参见牛犁、邹蕴涵：《2020：稳字当头决胜第一个百年目标》，《中国经济时报》2020 年 1 月 20 日。

外复杂因素而出现下行。美国经济表面看似不错，但美国债务问题严重，股市泡沫累积，风险并不小。

增长动能不足，风险不断积聚。科技进步、人口增长、经济全球化等过去在数十年内推动世界经济增长的主要引擎都先后进入换挡期，对世界经济的拉动作用明显减弱，世界经济整体复苏艰难曲折。各国经济结构调整面临不少困难，上一轮科技进步带来的增长动能逐渐衰减，新一轮科技和产业革命尚未形成势头。主要经济体先后进入老龄化社会，人口增长率下降，给各国经济社会带来压力。

债务风险不断积聚。金融监管虽然有所加强并且取得明显进展，但是债务水平居高不下、高杠杆、高泡沫等风险依然存在。2008年国际金融危机发生后，西方国家的国债水平占国内生产总值的比重平均上升了30个百分点。截至2019年6月，全球非金融部门债务规模达到189.8万亿美元，创历史新高，占GDP比重达239.5%，较2018年年末上升2.4个百分点。[1] 目前，西方国家的国债水平已经达到第二次世界大战以来的最高水平，很多国家的国债水平超过其国内生产总值的100%，财税政策陷入两难境地，扩张性空间有限，紧缩性政策又可能直接刺破泡沫，带来危机。

低通胀风险加剧。2019年以来，全球经济下滑超出预期，货币政策不得不同步转向宽松，低利率乃至负利率成为常态。超过30个经济体宣布降息，美联储连续3次下调联邦基金利率，并于2019年8月提前停止缩表，联邦基金目标利率较2007年9月降息前低2.75个百分点。欧洲央行9月宣布降息并重启量化宽松（QE），欧元区存款便利利率较2008年11月降息前低3.75个百分点，处于负利率区间。日本央行释放进一步宽松信号，日本央行政策利率较2008年10月降息前低0.6个百分点，处于负利率区间。印度、印度尼西亚、俄罗斯等新

---

[1] 参见朱民：《全球主要央行纷纷降息 "宽松潮"下货币政策面临两难》，《金融时报》2020年1月2日。

兴市场国家央行纷纷降息，全球经济正在陷入"低增长、低通胀、低利率"的困局。根据巴克莱全球债券指数，截至2019年10月15日，全球负利率债券规模高达13.4万亿美元，较2018年6月增长了79%。① 长期低利率乃至负利率不仅会削弱金融机构的盈利前景，加剧其冒险行为，诱发金融系统性风险，更会压缩货币政策的调控空间，在下一轮危机到来之前，全球央行可能陷入"无药可用"的境地。

高泡沫风险积聚。宽松货币政策不仅无法完全抵消周期性因素及贸易摩擦等巨大冲击的影响，还可能进一步推高相关风险。长期低利率乃至负利率，促使金融市场投资者追逐较高收益，配置风险更高、流动性更差的资产，使全球金融市场风险明显上升。例如，全球养老基金大幅增加私募股权、房地产等另类资产投资配置，另类资产占比达到1/4，养老基金稳定市场的作用被削弱。同时，在宽松货币环境下，全球股市保持上涨势头，与经济下行形成巨大反差。截至2019年12月底，摩根士丹利资本国际公司（MSCI）新兴市场指数分别较2019年初上涨23.7%、24.9%和14.8%，部分国家资产价格泡沫加剧，全球金融市场日益呈现出高泡沫、高债务、高风险的特征。②

经济全球化出现波折，保护主义、内顾倾向抬头，多边贸易体制受到冲击。特别是由于美国肆意妄为，单方面加征关税挑起关税战，导致全球贸易形势十分紧张。根据世界贸易组织的统计，在2019年5月16日至10月15日的半年内，贸易限制措施所覆盖的贸易量达到4604亿美元，较上个记录期（2018年10月16日至2019年5月15日）扩大了37%。③ 受此影响，全球贸易不仅价格低迷，波罗的海干

---

① 参见林上金：《深度解析世界经济的负利率时代》，中国经济形势报告网，2019年11月24日。

② 参见朱民：《全球主要央行纷纷降息"宽松潮"下货币政策面临两难》，《金融时报》2020年1月2日。

③ 参见刘连舸：《破解全球经济增长困局——2019年全球经济金融回顾与展望》，《金融时报》2020年1月2日。

散货指数（BDI）一度跌至3年最低点，而且出现量的萎缩。全球价值链、产业链、供应链被严重扭曲，增加了未来全球贸易制度以及更广泛的国际合作的不确定性，给商业信心、投资决策和全球贸易造成了不利影响，对全球经济造成巨大冲击，引发全球金融市场剧烈动荡。

从地缘经济角度看，与我国经济关系相关性高的国家和地区，经济增长存在不确定性。美国经济由于美国国会通过《减税和就业法案》，推出自20世纪80年代初里根政府以来最大规模的减税法案，大幅降低了个人和企业税负，放松监管则降低了中小银行成本，推动了信贷扩张，这些措施使美国经济持续发展，但是随着减税对经济的提振效应逐步减弱，未来财政和货币政策不确定性增加，以及贸易摩擦影响逐渐显现，美国经济增长有减缓的风险。欧洲经济受制于需求侧刺激效应加速衰减、结构性改革难以续力、外部压力渐次加重，以及欧洲财税政策空间日趋收窄四大因素，复苏将重归疲弱旧态，欧洲市场的整体表现可能陷入长期低迷。日本经济增速虽略有下滑，但总体保持稳健。拉丁美洲两大经济体墨西哥和巴西经济增长乏力，拉丁美洲多国社会矛盾的积累，导致民众的不满在洪都拉斯、海地、厄瓜多尔、智利、玻利维亚、委内瑞拉等国以动荡的方式集中爆发，加剧阻碍该地区发展。中东和北非地区因政治不稳定加剧，石油输出国组织（OPEC）开始减产，石油产量下降导致石油出口国国内生产总值增长大幅下降，区域经济活动低迷。

美国从世界经济的稳定器变成动荡源。2019年，美国单边主义、保护主义、民粹主义更加肆无忌惮。以WTO为核心的全球贸易体系，以国际规则为基础的多边自由贸易，以相互尊重、平等互利和公平自愿为原则的国际经贸交易方式，遭到颠覆性破坏。由于美国的一再刁难，WTO贸易争端上诉机构在2019年底已陷入瘫痪。美国试图通过双边谈判和双边签约，彻底否定已有的世界经贸模式与规则。关税成了美国对外经贸关系的头号武器和工具。凡与美国有贸易往来，或者因为各种原因与美国在传统货物贸易上有顺差的国家，美国都不放过，一律开征高额关税。美国不仅对中国不断加征关税，同时也对印度、日本、韩国、法国、德国等多个国家发起贸易战。在美国的带动下，世界其他国家之间在2019年也开始发生严重的贸易争端。日本将韩国从出口管理白色清单中移除，对韩国实行"限贸"，导致两国关系紧张。

除了以上风险源不断增加外，贫富差距扩大、收入增长过慢、负利率越演越烈、产业空心化、金融风险跨境传导、气候变化、逆全球化思潮等诸多问题也成为我国外部环境领域重大风险的重要风险源。

2. 全球地缘政治风险源增多

2015年，全球共发生具有较大影响的局部战争和武装冲突17起。[①] 2016年，全球虽然没有发生新的战乱，但有27起重大的武装冲突。2017年、2018年，这样的冲突依然没有停止。

地缘政治紧张和地区纷争加剧，传统热点依然很热，各种对立、对抗和对峙接连发生。在中东地区，美国、俄罗斯在中东的博弈向纵深演进，美国虽然不愿在中东投入过大，不想深陷中东泥潭，但是，鉴于中东特殊的战略地位，美国继续借助打击恐怖主义，借机打压中东地区"异己"国家和政治力量，导致伊核问题、叙利亚问题、巴以问题、伊朗与沙特等国的矛盾与冲突迟迟难以解决，中东成为地缘战略重要风险源。2019年，海湾地区局势持续紧张，多艘油轮被炸被扣，沙特油田多次被袭，美国一意孤行支持以色列吞并约旦河西岸，严重激化阿以矛盾和巴以冲突。美国宣布将"伊朗伊斯兰革命卫队"整体定义为"恐怖分子"，坚持对伊朗实行极限制裁，导致美伊关系极度紧张。美国支持叙利亚反政府武装，导致叙利亚战乱不止。美国默许土耳其对叙利亚库尔德武装发起大规模军事行动，造成叙利亚局势

[①] 参见孟祥青、周丕启、张弛：《2015年世界军事形势：安全合作取得突破 动荡冲突有所加剧》，《当代世界》2016年第1期。

更加混乱。

中国是中东最大的石油进口国。2018年,中国石油对外依存度达到70.8%,其中45.1%来源于中东。中东是中国最大的贸易伙伴,还是中国重要的出口市场,中阿贸易额2013年约为2400亿美元,到2018年仍只有2443亿美元。中东的动荡对中国的发展影响巨大,每次中东地区出现大的动荡,中国都遭受巨大损失。比如,海湾战争时中国撤出务工人员近万人,直接经济损失约20亿美元;2003年伊拉克战争后,中国免除其债务约80亿美元;2011年利比亚战争,导致中国各种损失约200亿美元。[①]

在欧洲方向,以美国为首的北约持续东进,不断挤压俄罗斯的战略空间,引发乌克兰危机不断发酵,乌克兰与俄罗斯之间在刻赤海峡的对峙加剧,乌俄矛盾、俄欧矛盾、俄美矛盾相互交织。

在美洲方向,美国支持委内瑞拉反对派和玻利维亚反对派,导致委内瑞拉局势持续动荡、玻利维亚政权被推翻。

我国周边安全环境风险源众多。西部有阿富汗问题,以及"三股势力";南部有印巴冲突、中印边界冲突;东南亚地区有"罗兴亚难民危机"、部族冲突、反政府武装和有组织犯罪等诸多风险源,特别是美国插手南海争议,不断以"航海自由"为借口侵犯中国主权与海洋权益,制造紧张局势,区域期待的和平之海在南海不仅未能实现,反而成为重要的地缘风险源;东部有钓鱼岛冲突、独岛之争等;东北亚有朝鲜半岛问题,朝鲜方面展现出了促进对话的意愿,朝美关系也一度缓和,但是美国在实现半岛无核化、构筑半岛和平机制方面,不愿迈出实质性步伐,导致朝核问题迟迟难以取得实质性进展,美国与朝鲜的和谈陷入僵局,美朝重新对峙,互相威胁示强。2019年12月,朝鲜连续进行"重大试验",严厉警告美国如果坚持对朝敌视和敌对态

---

① 参见牛新春:《如果中东出现这种情况,中国将成大输家》,《环球时报》2020年1月6日。

度，不在 2019 年年底的和谈"大限之日"之前"用新算法"提出让朝方能接受的条件，朝鲜就将采取"新的路线"，朝美关系陷入了 2018 年新加坡"金特会"以来最紧张的态势，依然是我国周边重大地缘风险源。

美国从世界的稳定器变为动荡源。美国从维护全球霸权、遏阻竞争对手、寻求绝对安全的冷战思维和"零和博弈"出发，突出大国竞争，强化地区军事存在，单方面宣布退出美俄《中导条约》，发展低当量核武器，扩大核武器使用范围，破坏了全球军控谈判与安全格局，导致世界新的军备竞赛。美国还高调筹建太空部队，并在 2020 年的防务预算中拨出巨款，推动发展等，给世界带来动荡。美国还是我国周边重大政治风险的最大策源者。美国针对中国推行"印太战略"，加强在亚太地区的军事存在，强化同盟关系，并且在中国台湾、南海、香港、新疆和西藏等问题上不断制造事端，企图以台制华，以香港、新疆和西藏乱华，以南海牵华，成为诱发区域重大政治风险的最大域外国家。

（二）全球风险点增多

国际经济领域风险点频发。高杠杆、高泡沫引发的全球债务风险，大宗商品特别是石油价格波动所带来的风险，美国等发达经济体量化宽松政策的退出以及财税政策调整所带来的政策外溢效应所产生的风险，土耳其、阿根廷、委内瑞拉、巴西等多个新兴经济体出现货币快速贬值引发的汇率风险，国际贸易摩擦加剧引发的全球价值链、产业链、供应链断裂的风险，经济民族主义和贸易保护主义抬头所引发的国际经济环境不确定性不断增强的风险，英国"脱欧"伴生的欧洲一体化倒退的风险，全球金融市场风险偏好逆转的风险。此外，大多数经济体还存在着增速下降、结构调整迟缓、需求不足、产能过剩、利润下降、失业增加等风险。这些风险点，如果掌控不好，就可能由点到面，由一国波及其他国，造成系统性风险。

国际政治领域风险点多元多样。强权政治、干涉主义、单边主义冲击全球治理体系，破坏联合国等多边机构的有效性，削弱国际法权威和约束力。国际恐怖主义向长期化、全球化和网络化方向发展，越来越呈现出多样化、分散化、本土化、个体化特点。"伊斯兰国"虽然在伊拉克、叙利亚相继溃败，但是出现化整为零趋势，恐怖袭击活动多点多发。中亚、南亚以及东南亚一些国家也成为有关暴恐势力渗透的重要据点。一些受极端主义思想蛊惑的欧洲年轻人在"伊斯兰国"溃败后，流回欧洲，成为欧洲社会风险因素。恐怖主义思潮还助长了欧洲极右势力和民粹主义的抬头，引发排外情绪不断蔓延，进一步为恐怖主义滋生提供了温床。非洲的恐怖主义组织在北非、东非、西非地区呈现出本地化、规模化特征，跨境活动活跃。2019年3月，新西兰克赖斯特彻奇市清真寺发生白人枪手枪杀穆斯林事件；4月，斯里兰卡发生了教堂、酒店和社区自杀式袭击。两起恐怖袭击事件骇人听闻，震惊世界。

国际社会领域风险点积聚。民族主义、民粹主义、排外主义、恐怖主义、种族问题、文明冲突、宗教问题、人权问题等各种社会问题交织在一起。在欧洲各国和美国等国，近年来随着中东难民潮的涌入，特别是各国在应对难民危机方面的低效，民众不断强化的不安全感，构成了右翼民粹主义话语的现实基础，各类民粹主义政党通过各层级选举密集性崛起，已然成为美国、欧洲主流政治的一部分。一些社会群体出于自利和自保，排外主义思潮涌动，如法国的"黄马甲"运动、英国脱欧、美国的贸易保护主义等持续发酵。

意识形态领域风险点多、波幅大。意识形态风险在国际政治风险中具有长期性、根本性特征，而且破坏性强、影响面宽，具有强大的冲击力。苏共垮台、苏联解体，导致俄罗斯的国家实力和国际地位大幅下降。冷战结束后，一些西方国家针对它们不喜欢的国家政权、政治制度特别是政党制度，奉行"新干涉主义"和"颜色革命"，到处煽风点火，煽动街头政治，成为国际社会重大风险点。2010年爆发的"阿拉伯之春"运动，从突尼斯迅速席卷了埃及、黎巴嫩、也门、巴林、约旦、利比亚、摩洛哥、伊拉克和阿尔及利亚等阿拉伯国家，导致这些国家持续动荡和极端恐怖主义泛滥蔓延，并且对国际社会的发展与稳定构成严峻挑战，给世界所带来的风险是空前的。

国际政治乱象环生。多国政坛风波迭起，多国政要处境堪忧：美国总统特朗普受到弹劾；欧洲内部分裂倾向加剧，英国脱欧，特雷莎·梅下台，苏格兰独立公投，德国传统大党面临危机，法国的"黄背心"抗议运动，中东北非纷争不断，利比亚内部争斗不断，伊拉克总统、黎巴嫩总统被迫辞职，苏丹总统被判刑；拉美重组，委内瑞拉内斗，玻利维亚总统下台等，都给国际政治带来不确定性。

全球风险源和风险点不断增多，给我国外部发展环境带来重大挑战，也使我国发展外部环境风险呈现面宽点多特点。准确及时把握外部风险的类型、烈度成为我国营造良好外部发展环境的重要一环。

二、外部环境领域重大风险呈现三轮驱动特征

影响我国发展外部环境的主要有三个路径：一个是全球化，二是国际政治的逐步极化，三是社会的网络化。这三个路径在从不同的侧面、不同的领域给我国带来发展机遇的同时，也带来诸多外部环境领域重大风险。

（一）全球化驱动的风险

全球化是把"双刃剑"，它给世界带来重大发展机遇的同时，也给世界各国带来一定的外部环境领域重大风险，如果处理不好，就可能

演化成重大风险。从新航路开通和地理大发现的15世纪末算起,到现在500多年,全球化经历了三个历史阶段,即殖民统治阶段、东西阵营对立阶段、新兴经济体发展壮大阶段,在这三个历史阶段里,对于不同类型国家来说,其面临的风险的形态、烈度是各不相同的。

在殖民统治阶段,随着地理大发现和世界市场的逐步形成,国际体系逐步从分散走向整体,从区域隔离走向整体合一,国与国之间的关系也从区域性走向世界性。国际体系的重大变革必然对世界各国产生重大影响,整体化的推进对每一个国家的影响呈现逐步强化趋势。在世界整体化大潮面前,任何国家如果不能顺应潮流,把握世界发展趋势,并且通过变革及时适应这一趋势,就将面临巨大的外部环境领域风险。

对于西方资本主义国家来说,它们在世界整体化、全球化过程中,占据着主导地位,是全球化的主要推动力量,也是全球化红利的最大受益者。它们之间既竞争又合作。一方面,这些国家或者沿着各自独立的方向开拓殖民地,经营自己的势力范围,或者彼此联合共同向外开拓,相互勾结不断向殖民地国家攫取各种权利和资源。另一方面,西方资本主义国家之间也相互竞争,在抢夺殖民地、掠夺各种资源和权利之间尔虞我诈,甚至不惜诉诸武力。因此,西方资本主义国家是机遇的创造者,更是风险的主要制造者。

对于殖民地国家来说,随着帝国主义国家之间的争夺逐步从区域转向全球,闭关锁国的殖民地国家已经不能够置身国际社会之外,其所面临的外部环境领域风险除了来自域内国家外,更多来自域外国家,并且风险来源更加广泛,风险点不断增多,面临的风险烈度也不断提升。这些风险包括:主权被侵蚀,领土完整被破坏,人口、资源被掠夺,市场被侵夺等。

在殖民时代,军事风险构成各国发展面临的主要风险。从15世纪人类开启全球化以来,战争频发,战争规模不断扩大。葡萄牙、西班牙、荷兰、英国、法国、德国、日本、俄罗斯、美国9个国家先后崛起，国家间纵横捭阖，潮起潮落，始终伴随着军事的征伐与争夺，坚船利炮是殖民史的标配。

经济上的攫取是驱动全球化的主要动力。比如，葡萄牙、西班牙开辟神秘的到东方去的新航路，是受东方黄金、香料的吸引。从15世纪初开启探险之路，到16世纪中叶发展到鼎盛，葡萄牙在非洲东海岸和印度东、西部海岸拥有大批贸易据点，控制了印度洋岛屿锡兰（今斯里兰卡）、霍尔木兹、马六甲、香料群岛和我国澳门，并在日本拥有一个据点，在巴西也建立了一个立足点，控制了跨越半个地球的商业航线。西班牙人对美洲的掠夺则主要通过三种形式：第一种是对印第安人金银财富的直接掠夺；第二种是利用经济作物和畜牧业获取财富；第三种是开采矿产资源直接为殖民者服务。荷兰、英国的崛起则是围绕争夺海上霸权、取得对外贸易主导权展开的，其帝国的衰落也源自海上霸权地位丧失。法国和德国的崛起则与荷兰、英国有所不同，其关注的焦点更多地放在欧洲大陆，其争夺的焦点则是取得欧洲的霸主地位。

在殖民时代，中国面临的世界风险逐步增强，中国的兴与衰，与世界潮流紧密相关。由于清政府闭关锁国，盲目自大，沉迷于天朝帝国的虚幻繁荣中，对全球化和国际政治格局的深刻调整茫然不知，对国际社会发展的新趋势麻木不仁，导致其在第一轮全球化面前手足无措，风险积聚，主要表现在军事风险空前积聚和主权的沦丧。在军事风险方面，自1840年第一次鸦片战争始，中国经历多次外敌入侵。这些战争给中华民族带来了深重的灾难，是中国发展进程中面临的最重大的外部环境领域风险。西方列强不断侵蚀中国的领土完整和主权，在主权沦丧方面，各种不平等条约使中国领土完整遭到严重破坏，对外贸易主权、关税自主权、司法主权、领事裁判权、领海权、文化主权等诸多权利被侵蚀，使中国沦为半殖民地半封建国家。

在东西阵营对立阶段,全球化进程被分割成两个部分,中国被排斥于全球化之外,风险的积聚大多表现在阵营对立上。

进入1978年,中国开始改革开放,逐步融入全球化进程当中,同时各新兴经济体也不断发展壮大,全球化从广度、深度、厚度上不断拓展。表现在经济领域,就是各国利益高度融合,风险高度联动。首先,利益高度融合。一个强劲增长的世界经济来源于各国经济共同增长。全球经济资源配置、全球产业链布局、全球价值链为世界发展带来强劲动力。其次,风险高度联动。世界经济出现"一荣俱荣、一损俱损"的连带效应,一国特别是大国在追求本国利益时如果不兼顾别国利益,在寻求自身发展时不兼顾别国的发展,世界经济风险就可能加大,就可能会引发世界经济动荡,甚至出大乱子。

(二)国际政治从无序到极化驱动的风险

无序驱动高烈度风险。在第一次世界大战之前,国际政治总体上呈现的是区域性特点,争夺地区间主导权是国与国之间风险构成的主要特征。国际竞争无序,而且烈度大,缺乏管控危机的机制,风险演化往往通过战争来终结,具有空前的破坏性。两次世界大战将国际政治争夺演化到空前的强度。

第一次世界大战历时4年多,这场战争是在19世纪末至20世纪初,资本主义国家向其终极阶段——帝国主义过渡时所发生的战争,是在亚洲、非洲、拉丁美洲、大洋洲的殖民地和半殖民地基本上被列强瓜分完毕,伴随着各帝国主义经济发展不平衡,秩序划分不对等引发新旧殖民主义矛盾激化,为重新瓜分世界和争夺全球霸权而爆发的一场世界级帝国主义战争。战争在同盟国和协约国两大阵营之间进行。德意志帝国、奥匈帝国、奥斯曼帝国、保加利亚王国属于同盟国阵营,大英帝国、法兰西第三共和国、俄罗斯帝国、美利坚合众国和意大利王国等国则属于协约国阵营。第一次世界大战给人类社会造成了空前破坏，使亿万人民遭受深重灾难。卷入战争的先后有31个国家，共15亿人口，占当时全世界总人口的3/4。战争期间，各个交战国共动员7350万人参战，1000多万人丧生，相当于过去在1000年间欧洲发生的所有战争中死亡人数的总合，2000万人受伤，同时造成严重的经济损失。这次战争所引起的饥饿和灾难，仅据12个交战国的统计，就夺去了2000余万人的生命，其中俄国500万人，奥匈帝国440万人，德国420万人。大战的直接开支总额约1805亿美元，间接开支约1516亿美元，总计约3321亿美元。这个数字较诸从1793年至1907年欧洲历次战争开支总和还多10倍。[①]

第二次世界大战从1939年开始，到1945年结束，历时6年。这场战争是在第一次世界大战结束后，帝国主义国家间经济、政治和军事发展不平衡加剧，军事实力发展较快的德国、意大利、日本三国要求重新划分世界势力范围的情况下爆发的，形成了以纳粹德国、日本帝国、意大利王国三个法西斯轴心国和匈牙利王国、罗马尼亚王国、保加利亚王国等仆从国为一方，以反法西斯同盟和全世界反法西斯力量为另一方进行的第二次全球规模的战争。战争范围从亚洲到欧洲，再到非洲，从太平洋到大西洋，再到印度洋、北冰洋，在40个国家的领土以及海洋展开了军事行动，作战区域面积达2200万平方千米。先后有61个国家和地区，全世界80%以上的人口，约17亿人直接或间接被卷入战争。参战军队多达1.1亿人，直接用于军费的开支总额约13520亿美元，各交战国的直接军费支出占其国民总收入的60%～70%。[②] 据不完全统计，战争中军民共伤亡9000余万人，5万多亿美元付诸东流，是人类历史上规模最大的世界战争。

走出"丛林法则"。第二次世界大战结束后，世界各国从惨烈的世

---

① 参见王绳祖：《国际关系史》，世界知识出版社1995年版。
② 参见张海麟、韩高润、吴广权：《第二次世界大战经验与教训》，世界知识出版社1987年版，第1页。

界大战中接受教训，开始意识到世界必须从无序的"丛林法则"中走出来，逐步走向有序。为此，成立了联合国，其宗旨是促进各国在国际法、国际安全、经济发展、社会进步、人权及实现世界和平等方面的合作。国际政治格局开始沿着两条路径发展——呈现有序化与极化双轨并行态势。

两极体制在有序与无序中酝酿风险。联合国的建立在一定程度上达成了国际秩序逐步有序化的目标，但是，民族国家的迅速崛起和国家利益意识的不断强化，国际政治秩序在有序化的同时，现实主义国际关系理论依然占据主导地位，追求本国利益最大化依然是许多国家的终极目标，因此，在国际秩序逐步走向有序化的同时，霸权思想、非敌即友、非合作即对抗、非得即失等理念依然是国际社会的主要观念。绝大多数国家认为，国际博弈必然是零和博弈，一国的崛起必然要分享其他国家在世界事务中所占据的主导地位，一些国家的战略思维缺乏包容性和弹性，这也成为国际社会常常通过战争手段解决国际争端的主要诱因。在这样的主流理念驱动下，第二次世界大战结束后，虽然驱动全球化的技术手段和基础条件有了根本性改善，但是国际政治格局却走向东西阵营对立状态，使全球化走向割裂。德国、日本两个法西斯国家战败，苏联崛起，建立了社会主义国家，组建华约，成为两极世界的重要一极。美国也彻底摆脱孤立主义，全面介入欧洲和世界事务，建立北约，成为两极世界中的另外一极。美苏两国，两种政治制度、两股势力，形成东西两个阵营。

美苏博弈成为最重要的外部环境领域重大风险。在两极世界体系中，美苏两国主导世界，是影响世界风险走向的最关键国家，也是影响风险烈度的最重要来源。随着两极世界的逐步形成和中华人民共和国的成立，中国的主权问题逐步得以解决，领土问题逐步稳定，中国面临的外部环境领域重大风险应该说从烈度上是有所减弱的。但是，随着世界格局的不断调整和全球化的逐步深化，外部环境领域重大风险的种类逐步增多，特别是表现在经济领域，如果中国经济不能及时融入全球化，中国经济的发展就将失去拓展的空间和弹性，中国经济发展就难以腾飞。因此，能否融入全球化的潮流，成为中国发展面临的最重大的风险。1978年，我国做出改革开放的重大决策，中国经济开始融入全球化，虽然对中国而言，面临的经济风险的种类不断增多，但是全球化的红利，在宏观上抑制了经济风险的积聚，使中国经济的外部风险呈现点多面散但风险小的特征。

随着苏联解体，国际政治格局发生重大变化。继承苏联主要遗产的俄罗斯在国际政治经济格局中的地位下降，美国则以冷战胜利者的姿态在国际政治经济格局中的地位上升，新兴国家随着自身经济实力的提升，在国际政治经济格局中的地位也呈现上升趋势。在国际政治格局转换过程中，各国争取国际政治经济主导权、争夺国际政治经济话语权、争夺国际政治经济规则制定权的斗争变得激烈而复杂。美国在特朗普担任总统后，奉行"美国优先""美国第一"原则，着力点依然是维持美国在国际政治经济格局中的霸主地位。在欧洲，美欧俄围绕获取欧洲主导权展开激烈争夺；在中东，美欧俄以及中东各国围绕能源安全和中东地区主导权展开激烈争夺；在亚太，美俄中日等国围绕东亚主导权展开激烈争夺。在世界三大战略区域，美国是主要的破坏力量，成为不稳定因素的主要来源，而中俄欧等国和地区则成为建设的力量，成为稳定的主要来源。在未来很长一段时间里，国际政治经济格局的转换必然伴随各种安全隐患，带来各种不稳定因素。

（三）国际社会信息化网络化驱动风险

随着互联网信息技术的迅猛发展及其向社会各领域的全方位渗透，网络空间已经成为独立于陆地、海洋、空中、太空之外的能够影响国家社会安全的第五维空间。网络安全风险广泛多元、隐蔽性强，网络战争、网络恐怖主义、网络犯罪、网络意识形态渗透等网络安全风险对国家、社会的威胁日益加大，国家安全边界空前扩大，安全风险问题的综合性、联动性、多变性日益凸显。

没有网络安全就没有国家安全。信息化与全球化的快速发展，世界日益变得"一切皆由网络控制"，政治、经济、社会、军事、科技等各个领域的安全问题，都与网络是否安全密切相关，"谁控制网络空间谁就能控制一切"，网络安全已经成为信息时代国家安全的战略基石，维护网络安全，防范化解网络风险，已经成为促进国家发展与安全的前提和条件。

没有信息化就没有现代化。互联网深刻影响和改变着人们的工作生活方式，越来越多的人通过互联网获取信息、学习交流、购物娱乐、创业兴业，网络深度融入经济社会发展，融入人民生活。信息流引领技术流、资金流、人才流，信息资源日益成为重要生产要素和社会财富，信息掌握的多寡成为国家软实力和竞争力的重要标志。信息技术和产业发展程度决定着信息化发展水平，也决定着各国抵御外部网络风险，维护信息安全的能力和水平。当前，互联网领域发展不平衡、规则不健全、秩序不合理等问题突出。不同国家和地区信息鸿沟不断拉大，现有网络空间难以反映大多数国家意愿和利益，建立和平、安全、开放、合作的网络空间，建立多边、民主、透明的全球互联网治理体系任重道远。

网络空间成为违法犯罪的温床。世界范围内侵犯个人隐私、侵犯知识产权、窃取商业秘密、制造恐怖事件、从事淫秽活动，以及贩毒、洗钱、赌博等各种犯罪活动频发多发，网络监听、网络攻击、网络恐怖主义活动成为全球公害。一些网络空间充斥着虚假、诈骗、攻击、谩骂、色情、暴力；有些人或势力则利用网络鼓吹推翻国家政权、煽动宗教极端主义、宣扬民族分裂思想、教唆暴力恐怖活动、进行人身攻击、兜售非法物品，等等。

关键信息基础设施成为攻击的重要目标。随着信息化的不断发展，过去分散独立的网络变得高度关联，相互依赖，网络风险的来源和攻击手段不断变化，各国关键信息基础设施智能化、联网化，重要行业和公共领域对网络的依赖性持续增强。金融、能源、电力、通信、交通等领域的国家关键信息基础设施成为经济社会发展的"神经中枢"，是网络风险防范化解的重中之重，也是容易遭受攻击的重点目标。这些设施一旦受到攻击，比如，"物理隔离"防线被跨网入侵，电力调配指令被恶意篡改，金融交易信息被窃取，这样就可能导致交通瘫痪、供电中断、金融紊乱，严重威胁经济社会安全和国家安全，乃至世界的稳定。

关键技术成为能否赢得主动权的"命门"。互联网核心技术是各国的"命门"，核心芯片、操作系统、数据库等基础软硬件技术如果掌握在他国手中，就会存在重大风险隐患，就会受制于人。"一个企业规模再大、市值再高，如果核心元器件严重依赖他国，供应链的'命门'掌握在别人手里，那就好比在别人的墙基上砌房子，再大再漂亮也可能经不起风雨，甚至会不堪一击。"[①] 只有掌握了核心技术，才能掌握互联网发展的主动权。

网络空间成为各国角力的战场。网络空间已经成为国际战略博弈的新领域，围绕网络空间发展权、主导权、控制权的竞争十分激烈。一些国家极力谋求网络空间霸权，谋求网络绝对安全，给国际社会带来严重威胁。

网络空间成为意识形态博弈的重要阵地。网络具有跨时空、跨国界、信息快速传播、多向互动等特征，对现实社会问题和矛盾具有极大的催化放大作用，极易使一些局部问题全局化、简单问题复杂化、国内问题国际化。互联网成为国际上意识形态斗争的主战场，网上渗透与反渗透、破坏与反破坏、颠覆与反颠覆的斗争空前尖锐复杂。一

---

① 中共中央党史和文献研究院编：《习近平关于总体国家安全观论述摘编》，中央文献出版社2018年版，第171—172页。

些外部势力借助互联网进行意识形态渗透，宣扬它们推崇的价值观，鼓噪"网络自由"，攻击我国的政治制度和发展模式，给我国的社会稳定带来消极影响。

三、外部环境领域重大风险呈现点增多、烈度略降态势

随着经济全球化、世界多极化、社会信息网络化的不断深入，我国与国际社会的联系日益紧密，互动日益频繁，相互影响日益广泛和深入，外部环境领域的风险点也呈几何级数增长。

（一）"颜色革命"对我国政治安全构成重大现实威胁

"颜色革命"又称花朵革命，是指20世纪末期以来发生在东欧、高加索、中亚、北非和西亚等地区的以颜色命名、倡导以"非暴力"方式进行政权更迭的运动。参与者们通常采用一种特别的颜色或者花朵来作为他们的标志，通过"非暴力"手段来抵制他们所认为的独裁政府。其实质是外部势力通过各种手段在有关国家进行各领域渗透，培植政治反对派并鼓励其利用社会矛盾推翻现政权的一种政治颠覆活动。

中国作为社会主义国家，外部势力难以用武力征服，但又不愿意看到一个强大的社会主义中国存在，图谋发动"颜色革命"，颠覆中国共产党的领导，颠覆我国社会主义制度。近年来，一些国家利用境外间谍情报机关策反我国人员和窃取国家秘密，扶持利用一些境外非政府组织、境外媒体、智库以及各种敌对势力，以民族、人权等问题为幌子，推动所谓"社会运动"，以"宗教自由"为名对我国实施宗教渗透，推动所谓"文化冷战""政治转基因"工程，制造大量负面舆论，混淆视听，或者"唱衰"中国，在我国台湾、香港、新疆、西藏等问题上不断操弄舆论，通过所谓"香港人权与民主法案""维吾尔人权政

策法案""台湾保证法2019""2019年台湾盟邦国际保障与强化倡议法案",大搞"颜色革命",其目的在于拔根去魂,扳倒中国,成为我国发展稳定的重要风险源和风险点。

(二)意识形态领域交锋尖锐复杂

意识形态关乎旗帜,关乎道路,关乎国家政治安全,带有方向性、根本性和全局性。各种敌对势力一直把我国的发展壮大视为对西方价值观和制度模式的威胁,不断对我国进行意识形态渗透。它们利用我国经济社会深刻变革,利益格局深刻调整,人们思想意识的独立性、选择性、差异性、多变性显著增强,拜金主义、享乐主义和极端个人主义在一定范围内滋生蔓延,各种思想多样杂陈,各种力量竞相发声,舆论传播的自发性、突发性、多元性、冲突性、无界性日益突出,而我国宣传管理方式尚不适应新媒体挑战之机,不断调整策略、变换手法,大肆宣扬"普世价值",竭力炒作"中国威胁论""中国崩溃论",在中国争夺阵地、争夺人心,妄图从思想上搞乱中国,成为我国在思想领域面临的最严重的风险。

(三)经济安全面临前所未有的风险挑战

外部环境领域重大经济风险对我国经济的影响,从地域、领域等各方面都带来前所未有的冲击。就我国而言,外部环境对我国经济从内外两个方面既带来机遇,也隐含着风险。从外而内表现为商品进口、外资吸收、技术引进、合作项目开发、旅游开发、管理模式输入、市场理念嫁接,以及与国际经济体系对接等方面面临诸多风险。从内而外则表现在商品出口、劳务出口、海外投资、技术出口、经济援助、工程承包、海外项目开发、海外旅游等领域面临诸多风险。此外,还存在着国际经济动荡、世界经济增长持续放缓给我国经济稳定运行带来风险隐患;国际经济秩序变革以及国际经济规则制定主动权之争,将深刻影响我国在国际体系中的地位与作用；金融市场对外开放所带来的风险跨境传染；大国财税政策相互传导、协调性不足所带来的风险；大国产业政策、贸易政策、技术政策调整对我国产业链、贸易链、价值链的冲击；石油、粮食等大宗商品价格波动对我国需求结构、价格指数的影响；等等。当前，特朗普政府奉行"美国优先""美国第一"原则，从贸易、投资、技术管制、知识产权保护等各个方面对我国实施极限施压，经济摩擦的烈度前所未有，经济全球化遭遇更大的逆风和回头浪，世界多边主义与单边主义两种力量交锋碰撞，对商业信心和投资决策带来严重干扰和破坏。如何应对这些风险，是我国面临的重大课题。

（四）中国公民、华侨华人在海外的人身和财产安全风险面广点多频发

据统计，2019年，全国边检机关检查出入境人员6.7亿人次，同比增长3.8%；检查出入境交通运输工具3623.5万辆（架、列、艘）次，同比增长3.4%。我国在境外设立的企业超过3万家，在海外的劳务人员超过百万人，留学生超过百万人。根据2014年8月中国首次发布的《海外华人华侨专业人士报告》，我国海外华人华侨有6000多万人。随着中国公民出入境人口大幅增长，中国国际影响力不断提升，中国公民、华侨华人在海外的人身和财产安全受到的威胁面越来越广，点越来越多，发生的频率越来越快，形式也越来越多样，包括地缘政治冲突、恐怖主义、宗教冲突等引发的人身和财产风险，排华反华事件引发的人身和财产风险。比如，2014年越南发生的全国范围的反华暴力游行骚乱、2015年土耳其发生的反华游行骚乱、2015年西班牙发生的违法拘捕华商、2016年哥伦比亚发生的民众打砸中资商铺、2017年澳大利亚发生的民众针对中国留学生的袭击等事件，对中国公民、华侨华人在海外的生存发展带来极为不利的影响。

(五) 国际跨境安全风险频发

国际跨境安全风险指包括跨境电信诈骗、非法中介、经济和劳务纠纷、非法移民和经商、渔船被抓扣等海外领事保护案件。风险主体增多，除国家外，国际组织、跨国企业、各自社会组织以及个人等多种行为主体，在国际流动，流动速度加快，流动的跨度加大，流动的方式多元，带来更多风险。风险领域增多，除了经济风险外，还有人身安全的各种风险，点多面散，不确定性大。各种风险相互交错，国内国外交织，组织与个人交织，呈现出风险相互传导外溢特征。国内外不法分子以提供劳务中介服务为名，诱骗中国公民外出打工，从中骗取高额押金和中介费，致使受骗的出国务工人员在海外陷入无工作、无生活保障的困境。比如，2017年在罗马尼亚发生的数百中国工人露宿街头、俄罗斯遣返数十名中国建筑工人、在利比里亚中国劳务人员深陷绝境等多起海外经济劳务纠纷事件。国际电信诈骗事件频发，一些电信骗子通过虚构绑架、冒充公检法和使领馆工作人员对中国公民进行诈骗，使海外中国公民遭受重大经济损失。

尽管风险点增多，但从整体上看，和平发展的主题依然没有变，风险的烈度与第二次世界大战之前相比大大下降，与冷战结束之前相比也有所下降，全球性风险总体上处于可控状态。

四、外部环境领域重大风险呈现高度关联性

长期矛盾和短期问题相互交织，结构性因素和周期性因素相互作用，经济问题和政治问题相互关联。经济风险可能诱发社会风险，社会风险又会诱发政治风险，国内风险又迅速扩充到国际，引发国际风险。比如，"阿拉伯之春"运动就是经济风险引发社会风险、社会风险引发政治风险、国内风险转化为国际风险的经典案例。"阿拉伯之春"

缘起于 2010 年发生在突尼斯的一起自焚事件。年轻的穆罕默德·布瓦吉吉由于经济不景气而无法找到工作，在家庭经济的重压下，无奈做起小贩，其间遭受当地警察粗暴对待以自焚抗议，导致不治身亡。事件发生后，迅速激起突尼斯人长期以来对失业率高涨、物价上涨，以及政府贪腐的怒火，事件很快演变成全国范围内的大规模社会骚乱，造成多人伤亡。突尼斯总统本·阿里被迫离开突尼斯这个他统治了 23 年的国家飞往沙特阿拉伯。突尼斯动乱迅速蔓延到其他阿拉伯国家，席卷了阿拉伯世界的大部分国家，呈现星火燎原之势。有国际评估称，这一事件，造成基础设施损失上万亿美元，超过 140 万人死亡，1500 多万人沦为难民。许多阿拉伯国家的经济停滞，社会很不稳定，人们生活艰苦，阿拉伯世界也因此成为恐怖主义滋生的最肥沃土壤。目前，叙利亚、伊拉克、利比亚、也门等国还处在战火中，国家何时才能走上正途尚难预料。

（一）全球发展与全球安全高度关联

发展是安全的基础，安全是发展的条件，发展与安全犹如硬币的两面，二者相互支撑、相互促进、高度融合。习近平总书记指出："贫瘠的土地上长不成和平的大树，连天的烽火中结不出发展的硕果。"[①] 对世界各国来说，发展是化解各种风险，保障国家安全、社会安全、人身安全的"总钥匙"。

（二）中国发展与全球发展高度关联

一段时间以来，我们常常将中国发展与全球发展割裂开来，谈中国发展时往往忽略全球发展，谈全球发展时往往忽略中国发展。实际上，随着全球化的不断深入，中国发展与全球发展高度关联，忽略全

---

① 《习近平谈治国理政》，外文出版社 2014 年版，第 356 页。

球发展谈中国发展是片面的，忽略中国发展谈全球发展也是片面的。全球发展是驱动中国发展的重要力量，中国发展也是促进全球发展的重要力量，促进中国发展，离不开全球的发展，中国发展与世界发展相辅相成、相互促进、相互影响。全球发展面临的问题如果得不到有效的解决，就可能孕育出各种风险，进而对中国的发展带来冲击。比如，当前全球经济复苏缓慢，制约了中国经济发展的空间，也使中国经济出现一些潜在风险。如何消除并且化解外部经济风险对我国经济的消极影响，是我国在制定发展战略时必须深入研究的问题。

（三）内部风险与外部风险高度关联

当今世界，风险的跨国性日益突出，风险早已超越国界，只要利益拓展到哪里，风险就会跟到哪里，任何一个国家都不可能独自保留一个安全的"孤岛"，任何一个安全短板都可能导致外部风险大量涌入，形成风险积聚的洼地。任何一个国家的风险积累到一定程度就可能演化为全国性风险，甚至进一步外溢成为区域性甚至全球性风险。例如，恐怖主义所导致的风险问题既是内部风险问题，也是外部环境风险问题。再如，尽管在不同国家、地区气候问题所反映的风险程度各有不同，但是，当风险积累到一定程度，就可能演化为全球性风险。很多风险的化解也不是某一个国家自身就可以独自解决的。比如，生态恶化、资源枯竭、气候问题等，都需要各国相互合作才能找到恰当的防范化解风险的路径。

（四）国际经济风险与国际政治风险高度关联

在国际博弈中，经济争端可能上升到政治争端，政治争端也可能延伸到经济领域，二者常常相互影响、相互借用，使风险不断升级。比如，2018年9月，韩国最高法院做出了要求日企对第二次世界大战劳工进行赔偿的裁决，日韩关系开始恶化。日本政府迅速采取措施，

2019年1月,取消日本海上自卫队"出云"号直升机护卫舰2019年春季停靠韩国港口的计划;7月初,日本政府宣布对出口韩国的三种半导体产业原材料加强管制,引发韩日贸易摩擦并不断发酵;8月,日本政府决定修改政令,将韩国剔除出在安全保障出口管理上享有优惠待遇的"白色清单国家"①。这一系列事件使日韩关系变得紧张,日本国内反韩、厌韩声音高涨。据日本《读卖新闻》2018年统计,对于日韩关系,日本77%的人回答"差",69%的人认为"韩国不值得信赖",62%的人回答"感觉不到亲近"。韩国消费者则抵制日本啤酒、服装、汽车和旅游等日本产品和服务。在韩国民众发起"抵制日货"活动背景下,2019年8月韩国进口日本乘用车销量与2018年同期相比锐减56.9%。据日本政府公布的数据,2019年9月,日本对韩国啤酒出口额仅有5400美元,较上年同期的720万美元下降了99.9%。受日韩贸易摩擦拖累,日本第三季度出口环比下降0.7%,拖累GDP增速0.1个百分点,考虑到进口环比上升0.2%后,净出口拖累GDP增长0.2个百分点。

经济背后是政治。美国以"长臂管辖"方式对我国企业及相关主体的经营活动进行干预,直接影响我国相关企业与外资、合资企业的合作;以"人权"为借口打击我国企业,不断借新疆所谓的"人权问题"攻击中国的科技企业,限制中国企业向外拓展。其打压领域不仅在贸易领域,还在科技、金融、军事、地缘、舆论等各个领域。其瞄准的是供应链环节,而不是成品,起到牵一发而动全身的效果。美国对我进行的全方位遏制打压,不仅出于经济目的,也出于其战略和政治等多重考虑,包括其霸权逻辑,固有的对共产党和社会主义的敌视,以及将中国视为其最大战略对手等,所以在贸易战之外是意识形态战、

---

① 白色清单包含20多个国家,日方把白色清单所列国家视为安全保障层面的友好国家,允许它们在向日方购买可转为军事用途的两用产品时,获得便利待遇。如果日方最终把韩方排除出白色清单,韩国将成为第一个遭排除的国家。

金融战、技术主导权战、地缘政治竞争等。

（五）传统安全与非传统安全、传统风险与非传统风险高度关联

随着全球化的不断深入，世界多极化的深刻调整，社会的网络化信息化，安全风险除了传统的军事政治领域外，更多体现在经济、文化、社会、科技、生态、资源、能源、核和海外利益安全等非传统领域，这些领域既相对独立，又高度关联，传统的政治、军事风险可能引发非传统的经济、文化、社会、科技、生态、资源、能源、核和海外利益风险。比如，在美伊的博弈中，军事上的博弈对全球所引发的风险是多方面的，既包括伊朗政权的稳定问题，也包括全球的能源资源安全问题，还可能引发贸易战、货币战等。美伊冲突升级，会引发石油价格上涨，全球股市波动；冲突缓和，则可能使石油价格下跌，对经济发展预期产生正相关。非传统领域的风险也可能引发传统的政治、军事风险。比如，生态安全风险属于非传统安全风险，但水体、空气的跨境污染，可能导致国家间关系紧张，引发政治对抗风险。

（六）贸易摩擦风险向价值链传导的力度不断增强

中美贸易摩擦使全球价值链扩张受阻，使上下游企业和利益相关者都受到冲击。中国是120多个国家的第一大贸易伙伴，超过60％的贸易是中间产品，是亚洲生产网络和产业价值链核心，对亚洲各国出口贡献的增加值最多。受此影响，韩国、新加坡等贸易占GDP比重较高的经济体受到冲击。韩国出口连续12个月负增长，新加坡2019年前三季度GDP平均增速较上年同期下降3.2个百分点。美国作为美洲生产网络中心，是拉美第一大贸易伙伴。保护主义使依赖资源出口和外部市场的拉美国家压力普遍加大。智利和厄瓜多尔等国经济大幅下滑，居民收入降低，物价攀升，国内发生骚乱，经济秩序陷入混乱。

贸易摩擦导致科技产业价值链合作遇阻。保护主义不断向投资领域扩散，各国投资限制政策趋严，限制了对创新经济的支持。联合国贸发会议数据显示，2018年，约有55个经济体出台了至少112项影响外国投资的措施，加强限制或监管的比例创下2003年以来新高。比如，美国推出《外国投资风险评估现代化法案》，欧洲出台《欧盟外资审查框架法案》，日本近期又通过修订后的《外汇与外国贸易法》，强化对关键基础设施、关键技术领域和战略敏感行业的投资限制，给全球投资带来诸多不确定性。

五、外部环境领域重大风险带有诸多不确定性

随着全球化、多极化、信息化的不断深入，风险的种类、风险的来源、风险发生的频率都大幅度增加，人们往往不知道风险会突然从哪里冒出来。人们既需要防范"灰犀牛"事件，也需要高度警惕"黑天鹅"事件。

在20世纪末、21世纪初发生的诸多事件中，1991年12月的苏共垮台、苏联解体，2008年的金融危机，2010年的"阿拉伯之春"运动，2018年的中美贸易战以及2019年的中国香港问题，都属于"灰犀牛"事件。目前中国也有一些"灰犀牛"事件需要我们去防范。

中国"灰犀牛"之一：房地产。房地产规模大，对中国经济影响巨大，是一只巨大的"灰犀牛"，隐藏着巨大的潜在风险，包括房价市值增长速度远远超过城镇居民可支配收入增长速度；居民部门的杠杆率快速攀升，由10年前的17%，已经上升到45%；购房抵押率由5年前的20%上升到现在的50%；房地产行业的不良贷款率上升到1.1%。房地产调控过猛过快，地方土地出让金收入下滑，导致地方财政收支平衡困难。

中国"灰犀牛"之二：地方政府隐性债务。从2008年初到2016

年末,地方政府融资平台的债务体量从不足5万亿元已经增加到27.33万亿元。一些地方存在资不抵债的状况。①

中国"灰犀牛"之三:影子银行。根据穆迪的测算,影子银行规模2011年末为19.2万亿元,2017年末已经达到65.6万亿元。

中国"灰犀牛"之四:货币效率和投资效率双降。货币效率(GDP与广义货币M2的比率),由1997年的1∶1下降到了现在的1∶2,同样的货币量带来的投资效率却不同,现在比过去下降了。这也导致货币超发,因为维持同样的增长率,需要更多的货币驱动。

除了上面这些"灰犀牛"外,还有制造业面临的巨大困难、各种各样的金融庞氏骗局、企业家对政策和经济预期的信心缺失等问题。

这些"灰犀牛"尽管我们看得见,知道它存在一定的风险,但是风险在什么样的情况下可能爆发,却很难有一个准确的判断,存在很大的不确定性。

与"灰犀牛"事件相比,"黑天鹅"事件的不确定性更大,如2001年的"9·11"事件。人们没有想到,通过热战战胜纳粹德国和日本法西斯,赢得世界霸主地位,又通过冷战战胜世界上面积最大的苏联,获得超级大国地位的美国,正当享受冷战带来的狂欢的时候,它最繁华的地方——纽约最具标志性的世界贸易中心和美国戒备最森严的五角大楼,会遭到恐怖分子利用民航客机的连环攻击。在这场袭击中,遇难者总数高达2996人。至于财产损失,联合国发表报告称,此次恐怖袭击使美国遭受经济损失达2000亿美元,相当于当年生产总值的2%。对全球经济所造成的损害甚至达到1万亿美元左右。此次事件对美国民众造成的心理影响也极为深远,美国民众对经济及政治上的安全感均被严重削弱。"灰犀牛"事件和"黑天鹅"事件充分说明未来我们面临的诸多外部环境风险带有不确定性。

---

① 参见国家统计局:《截至2016年末中央和地方政府债务余额为27.33万亿元》,中国发展网,2017年9月29日。

（一）英国"脱欧"带来的不确定性

除了世界经济发展前景带有不确定性外，一些重大事件的演变也带有不确定性，这种不确定性将对我国发展产生重大影响。比如，英国"脱欧"带来的不确定性。自2016年以来，英国先后经历了特蕾莎·梅所主推的"协议脱欧"以及约翰逊所主推的"硬脱欧"，但均未能在英国议会获得通过。英国议会内部意见分歧严重，三种主要思潮——"协议脱欧""硬脱欧""留欧"均无法占据绝对优势。"脱欧"议题成为政党竞争的焦点问题和矛盾核心，日趋严峻的分裂形势使英国"脱欧"深陷政治僵局。英国"脱欧"再度延期带来的不确定性，对英国、欧盟乃至全球经济都已产生负面影响。对于英国而言，"脱欧"结果直接影响到英国经济和英国央行的货币政策。英国与最大贸易伙伴欧盟之间的贸易关系走向、英国央行如何平衡"脱欧"后潜在的通胀与促进经济增长之间的关系，也成为亟待解决的问题。此外，"脱欧"前景的不确定性对伦敦国际金融中心的地位也形成显著冲击，营商环境的变化促使部分在英企业将总部从伦敦逐步向欧洲本土的法兰克福、巴黎、卢森堡等中心转移，部分订单逐步撤出英国市场。欧盟经济所受影响亦不容小觑，以德国为代表的、与英国经贸关系密切的国家面临进出口上的不确定性，相关行业有衰退风险。债务问题和"脱欧"僵局久拖未决，欧洲经济复苏下行风险随之增加。英国"脱欧"悬而未决无疑增加了欧洲内部分裂的系统性风险，对欧盟一体化形成了严峻的挑战，助长了极右政党和民粹主义势头，反建制、反欧盟化、反全球化倾向加重，对欧洲政治经济局势形成了严峻的挑战。

（二）脸书首发天秤币白皮书使全球货币体系走向面临不确定性

2019年6月18日，脸书（Facebook）发布天秤币（Libra）白皮书，宣布将联合多家行业机构发布数字货币Libra，目的是建立一套简单的、无国界的货币和为数十亿人服务的金融基础设施。Libra 推出后将对电子支付、货币政策、金融稳定、金融生态，尤其是对国际货币体系等领域产生巨大冲击，将给未来国际货币体系改革带来诸多不确定性，使其呈现出两种可能的走向。一种走向是，由于 Libra 以一篮子货币为信用背书，美元权重为 50%，这将强化篮子货币的竞争力，特别是美元的霸权地位，强化美国在全球数字金融领域的垄断地位，未被纳入篮子的货币则可能会逐步边缘化，一些国家货币主权会受影响。另一种走向则相反，也可能形成多元货币体系格局。如果 Libra 不被美国政府控制，Libra 的推出就必然挑战美元作为主要结算货币的地位，欧元、日元的使用范围也会受影响。对于部分已呈现去"美元化"趋势的国家，则会利用 Libra 在跨国交易结算方面的便利，进一步推动"去美元化"，弱化美元的霸权地位。

（三）石油价格巨幅波动引发的不确定性

石油作为最重要的大宗商品之一，国际原油价格走势对世界经济发展以及国际格局变迁的影响深远。全球原油市场将踏入地缘政治因素、经济因素交织作用的新周期。中东地区地缘政治风波不断，突发事件频出，进一步提升了原油风险溢价水平，扭曲了市场定价机制，原油价格的大起大落将难以避免。美国页岩油革命的兴起将重塑能源格局，新生力量与传统能源供给大国之间的博弈愈演愈烈，石油定价权的角逐与较量将更加常态化、复杂化。

（四）拉美政局波动带来诸多不确定性

2019 年 8 月，阿根廷正义党候选人费尔南德斯在总统初选中意外领先，脆弱的阿根廷金融市场开始出现剧烈波动，股、债、汇市出现大幅下挫，阿根廷股市 Merval 股指下跌超过 37%，阿根廷主权债券价格平均跌幅达 25%，阿根廷比索对美元汇率下跌 22.6%，创下

2015年以来单日最大跌幅。上述动荡的出现，主要源于投资者对经济政策不确定性的担忧。投资者担心，费尔南德斯所代表的左翼民粹主义政府回归后，将对阿根廷始于4年前的各项市场化、商业化改革政策进行大幅调整，加强外汇管制，强化国家对经济的干预，实行更为宽松的财政货币政策，阿根廷未来的经济政策面临极大的不确定性。

在整个拉美地区，除了阿根廷外，多数国家也出现政治风波、社会动荡、经济衰退与金融风险相互叠加，各种危机不断蔓延的状况。政治方面，阿根廷和玻利维亚出现总统更迭，智利、玻利维亚、厄瓜多尔和哥伦比亚等连续发生大规模暴乱，委内瑞拉和古巴持续遭遇美国制裁危机。经济方面，拉美国家经济由于严重依赖初级产品的国际贸易，经济结构单一，整体经济比较脆弱，在全球经济复苏乏力、单边主义抬头、贸易摩擦不断加剧等外部因素冲击下，这一地区20个经济体中有17个出现经济增速放缓。2019年前三个季度，墨西哥和巴西增长乏力，经济增速分别为0.1%、0.4%，委内瑞拉、多米尼克和阿根廷均已出现负增长，增速分别为－12%、－6.4%和－2%。阿根廷通货膨胀率超过40%，委内瑞拉通货膨胀率超过4000%。金融方面，拉美国家汇率普遍出现贬值。截至2019年12月底，巴西雷亚尔贬值5.4%，智利比索贬值7.7%，阿根廷比索贬值36.6%。巴西、阿根廷、乌拉圭和委内瑞拉中央政府债务占GDP的比重居高不下，都超过了60%的国际警戒线。经济增长疲软、汇率风险、恶性通货膨胀和政策不确定性较高等种种因素叠加在一起，又使拉美地区金融风险高企，主权信用评级屡被下调，未来一段时间里拉美局势将变得更加波诡云谲，充满不确定性，这将在很大程度上影响我国外部发展环境。

第三章 外部环境领域重大风险传导的理论体系

外部环境领域重大风险的传导具有完整的理论体系，无论是从风险传导的基本概念，抑或是从风险传导的基本构件，还是从风险传导的基本方式，都存在着基本的逻辑。理清风险传导的概念内涵和体系构造，对于认识分析、防范化解外部环境领域重大风险挑战具有重要的指导意义。

一、外部环境领域重大风险传导的基本概念

国际社会是一个有机系统，民族国家是这个系统的主要行为体，每个国家的行为都要受这个系统以及这个系统内的其他因素的影响和制约，而系统对国家行为体的影响和制约是通过一定的方式或机制来实现的。另外，国家也是一个单一的有机系统，其存续与发展也受诸多因素的塑造和影响，国际社会的大系统如何影响和制约民族国家的小系统，两个系统之间的互动方式以及规律、逻辑、特点等，都是决定国家演变的重要因素。对于一个国家来说，外部条件包含有利条件和不利条件，而外部环境领域重大风险则属于国家面对的不利条件，风险条件既来自国际社会本身，也来自国际社会与国家之间的互动过

程,而风险条件对国家产生作用也主要是通过国家与国际社会以及国际社会的其他因素互动来实现的。

(一)风险传导的基本条件

外部环境领域重大风险对国家产生作用需具备几个条件。首先,外部环境领域重大风险必须是客观存在的,而不是想象中的,即风险存在的客观性。从世界历史演变的实践进程以及国际关系和国家互动的历史结论可以看出,外部环境领域重大风险的客观存在性是关系实践的结果,即在国际社会中,任何国家都面临着外部环境领域重大风险,只是风险的程度、风险的种类、风险的作用力大小等方面存在差异。其次,外部环境领域重大风险必须具有客观作用,即外部环境领域重大风险必须能够对国家产生影响,或者说对国家的发展演变产生作用力。而风险作用力的大小以及存在与否是由国家与风险的关系所决定的,比如:A 风险是国际社会中客观存在的一种风险,但是其与B 国家之间不存在任何的关联性,也就是说风险的客观性并不必然产生风险的作用;又比如:在非洲地区的某一国家出现了安全危机,但是美国与这个国家即没有建交,在当地也没有任何利益存在和需求,因此,当地的安全风险对于美国来说,基本上是不具有作用力的。再次,外部环境领域重大风险必须具有有效运动,即在风险客观存在与具有客观作用的前提下,外部环境领域重大风险还必须是运动的,即风险所具有的作用力必须要通过一定的途径或者过程达到目标国家,风险的效果才能表现出来,即风险必须能够传导到目标国家,才能完成其作用过程。上述三个条件必须同时满足,外部环境领域重大风险对国家的影响效果和作用效果才能实现,这是风险传导的基本前提。

(二)风险传导的基本界定

对于国家来说,外部环境领域重大风险传导是指在国际社会系统中，一种风险因素在多种条件的作用下，通过一定的方式或者途径对一国或者多国的发展演变产生一定程度和一定范围的作用力，或者说，外部环境领域重大风险传导是由风险源产生的风险，借助一定的媒质或者载体，以一定方式在特定的系统或者环境中扩散和蔓延的过程。外部环境领域重大风险传导是一种动态的过程，是既受多因素制约影响又会产生多种影响效果和结果的过程。

外部环境领域重大风险传导是一个过程，这个过程的维持与延续需要一定的动力条件，即推动风险传导的动力机制。从本质上来看，外部环境领域重大风险传导的动力主要来自两个方面：一是风险内在的动力，即风险自身具有向外传导的动力，比如公共卫生危机、公共安全危机，其自身具有向外扩散的基本功能；二是外在的动力，也就是外在的行为体把风险作用于某一国家，使其对该国产生某种影响。在很大程度上，外部动力是风险传导的主要动力来源，风险的传导过程是在外力的作用下完成的。

外部环境领域重大风险传导过程受多种因素的影响和制约。一是风险传导动力的大小，动力大的风险传导过程相对比较持久，作用效果相对比较明显。二是目标国的反作用大小，如果目标国抵制和拒绝风险传导的力量较大，那么风险传导过程的推进也就相对较难较慢。三是目标国与外部环境互动的强弱，如果目标国与外部环境的互动较强，并且对外部环境所施加的影响力较大，那么风险传导的过程也会比较困难。

（三）风险传导的基本特征

外部环境领域重大风险传导具有如下基本特点。一是外部环境领域重大风险传导的速度不均匀，即一种风险传导的过程不是匀速推进的，在很多时候都是变动极大的，这不仅受到风险自身变化的影响，也受到外部系统条件变化的影响，同样受到传导动力以及目标国条件和反应的影响。二是外部环境领域重大风险传导的过程具有差异性，即风险传导过程的长短以及难易程度存在差别，不同的风险传导所具有的过程性特点是不同的，而风险传导的过程长短又与风险传导的速度大小存在着密切的关系。三是外部环境领域重大风险传导的结果具有差异性，即不是所有的风险传导结果都是成功的，或者说不是所有的风险传导都能实现其效果或者目标，甚至同一种风险在不同的条件下对同一个目标国家所产生的作用也是不同的。四是外部环境领域重大风险传导具有多向性，即风险传导是多方向的，或者说是多方面的。有些风险所产生的影响可能是全局性的、全面性的，对所有的国家都具有作用力，比如，2020年初的全球新冠肺炎疫情引发的公共卫生危机；有些风险所产生的作用是单一性的，比如，美国出台的干涉中国内政的诸多所谓法律文件；也有一些风险是多方向的，比如，美国的贸易保护主义，不仅给中国的经济发展带来了风险挑战，也对其他国家的经济安全带来了威胁。

二、外部环境领域重大风险传导的基本构件

外部环境领域重大风险传导的实现和完成不仅需要传导过程的推动，也必须具备一定的基本条件，或者说，从动态的角度看，外部环境领域重大风险传导是一个过程，一个实现风险作用力的过程；但是从静态的角度看，外部环境领域重大风险传导也是一个体系，是由诸多因素相互作用和相互协调而构成的一个系统，这是构成这个系统的各种条件和因素支持了风险传导的基本过程。

整体来看，外部环境领域重大风险传导的基本元素包括三个方面。

（一）风险源

风险源，即存在一个能够对目标国产生作用力的客观事件。风险

源的存在是风险传导的前提，也是风险传导的动力源，任何的风险传导都必须有个初始的源头，即风险源。因此，风险源是风险传导的基本条件，或者说是风险传导的基本起点，没有风险源，也就无所谓风险传导。风险源可以是一个突发事件，也可以是某种存在状态，或者是特定条件下特定情势所产生的一种效果。事件类风险源是国际社会中存在最大的外部环境领域风险源，通常事件的时效性相对有限，但是事件所引发的风险效果则相对较为深刻和久远。比如，2020年初的"苏莱曼尼"事件，虽然是美国和伊朗关系中的双边性事件，但是其给中东地区国家所带来的外部环境领域风险压力是极大的。虽然事件已经过去了，但是由此而引发的区域风险仍然存在，某种程度上还会长久存在。

另外，状态类风险源则更具复杂性和多样性，往往是地缘政治、历史积累以及世界和区域格局共同塑造的结果。不仅状态本身具有极大的风险，而且状态改变也会产生极大的不确定性和不稳定性。如朝鲜半岛的朝核问题，实现半岛无核化是国际社会和东北亚地区和平稳定的重要前提，但是朝鲜半岛的核武器发展情况始终是大国关系和地区事务的重点议题，朝鲜半岛目前的核态势给国际社会和地区稳定带来了极大的威胁，产生了极大的威胁。半岛局势的变动，不仅牵动着周边国家的神经，也给国际社会带来了极大的不确定性挑战。总之，风险源是一切风险产生和演变的起点，也是风险传导得以维继的基本前提。

(二) 传导载体

传导载体，即风险运动和输送的媒介或者物质，可以是人、技术、信息或者其他有形的或者无形的介质。通常情况下，风险传导的载体包括价值链、流程链、利益链等。传导载体对于风险传导过程的完成至关重要。首先，缺失了传导载体，风险传导的过程就无法接续，传导载体是风险源与风险接受者之间联系的纽带，缺少了载体，风险对于传导对象来说就失去了意义。其次，传导载体很大程度上影响着风险传导的效果，虽然传导载体自身不会产生或者创制风险，但其却可以放大或者缩小风险，或者说风险载体某种程度上能够影响风险能量输送的多少和大小。通常情况下，风险接受者所接收到的风险都是传导载体"处理"过的风险，因此，可以说风险传导存在着一个偏差机制，即载体效应。另外，根据传导载体的基本属性，传导载体可分为显性载体和隐性载体，通常隐性载体所发挥的作用大于显性载体。此外，一项风险的传导过程，通常也是由多个载体共同支撑的，单一风险单一载体传导的情况极为少见。

（三）传导对象

传导对象，即风险接受者，也就是受到风险影响的行为者。在国际社会中，一项外部环境领域重大风险所影响的国家或者其他国际关系行为体通常都是多个的，单一对象的情况相对较少。同理，一个传导对象所接受的传导风险通常也是多个的，在复杂的国际体系中，每个国家都面临着诸多的外部环境领域重大风险挑战。作为风险传导的对象和接受者，也必须具备一定的条件：首先，它必须接收到外部环境领域重大风险，即通过一定传导媒介或者路径，风险必须到达接受者，也就是说，风险必须是真实存在的，即传导的真实性；其次，风险经过一定的载体或者路径，必须对接受者产生实实在在的影响，也就是说，对于接受者来说，风险必然给其带来一定的负面效应，即风险的真实性。

另外，风险对接受者所产生的影响或者所带来的压力大小，不仅取决于风险本身，也取决于接受者自身。同样的风险对不同的接受者所产生的影响大小是不同的，这取决于接受者对于风险的敏感程度、抗压程度以及反抗程度。也就是说，接受者的自身条件很大程度上影响着风险传导的效果。

三、外部环境领域重大风险传导的基本方式

多样性是风险传导的基本特点，而且不同的风险类型具有不同的传导方式，不同的传导方式具有不同的特点。

（一）裂变反应式传导

裂变反应式传导也称链式传导，或者串联式传导，这是一种渐强性风险传导，即随着风险传导过程的延长和扩展，风险的影响力将会越来越大，或者说破坏力越来越大。通常，这种类型的风险刚开始传导时，危害较小，影响范围也较为有限，但后期危害性较大，发展速度也较快。裂变式风险传导有三个特征。一是传导过程的加速度性。风险开始时不仅危害小，传导速度也相对较慢，随着传导过程的持续，中后期传导速度加快，与此同时，破坏力也加倍扩大。二是传导过程和结果的复杂性。由于受多重因素的影响，风险传导的过程存在极大的不稳定和不确定性，尤其是随着传导速度的加快和影响程度的加大，风险所引发的危机将更趋复杂多元。三是传导过程的长期性。由于传导速度和传导效果的不断累积和加强，风险所产生的危险性将更具有系统性和长期性，从而导致风险传导过程的不断延长和风险危害的不断加剧。因此，采取果断、有效的措施对风险进行管控，极为关键和重要。

2020年的新冠肺炎疫情全球大流行，可谓是一次典型的裂变式风险传导。无论是在一个国家、一个地区，还是在全球范围内，疫情都具有明显的裂变传导特征。以美国为例，在2020年初期，疫情刚刚出现时，美国政府没有给予足够的重视，错过了疫情防控的最佳时期，从而导致三四月疫情在美国国内的大暴发和大蔓延，从而使美国成为

世界疫情的"震中"。从全球范围来看，在疫情风险出现的初期，世界上许多国家都未采取有效的防控措施，尤其是欧美地区国家，正是因为没有在疫情风险传导的早期采取防范措施，导致了后期疫情在欧美地区的大范围暴发，欧美相继成为全球疫情最严重的区域。

（二）波浪曲线式传导

波浪曲线式传导指一种风险的传导过程是渐弱性的，或者说是削减性的，而且这种过程不是直线形的，是曲线形的。这种风险传导方式具有四个鲜明的特征：一是风险传导具有发散性，即风险从风险源产生之后，是以风险源为圆心，向四周发散，而不是朝着单一方向传导；二是风险传导具有层次性，也就是说根据传导距离的远近，风险影响的效果是存在差异性的，通常距离风险源越近，风险冲击越大，反之亦然；三是风险传导具有渐变性，总体而言，波浪曲线式风险传导是逐渐减弱的，破坏力也是逐渐减小的；四是风险传导具有突发性，此类风险一般都是突然爆发，具有极大的不可预测性，而且爆发烈度一般相对较强。

1997年的东南亚金融危机，2008年的国际金融危机，都是突发性的重大风险事件，其对地区国家以及国际社会的冲击都是巨大的。比如，1997年的东南亚金融危机在严重破坏了东南亚国家的经济发展之后，通过世界金融体系，给全球的经济发展都带来了极大的打击。2008年的国际金融危机不仅使美国经济受到了重创，而且导致整个世界经济形势长期处于低迷状态。此外，波浪曲线式风险传导对于发展水平不高、基础设施薄弱的一些国家来说，影响尤为巨大。

（三）要素稀缺式传导

任何国家都处在一定的国际与区域环境中，与环境因素的相互作用和相互影响是其生存发展的基本形态。同理，政治、经济、科技等领域的发展也是如此。但是，在与外部行为体互动的过程中，总要受到一定条件的限制或者制约，即行为体的互动过程中，互动行为体各有优劣，互相作用。对于一个国家或者一个领域来说，要素短缺或者缺失是其发展的潜在风险。比如，如果一个国家自身没有核力量，而其周边国家或者其对手拥有核力量，那么其就会面临外部核威胁风险；再如，如果一国的互联网技术产业没有自己的芯片，芯片不能自主生产，完全依靠外来进口，一旦进口被切断，那么该国的互联网产业将会面临巨大的风险挑战。因此，对于此类风险的传导方式可以称为要素稀缺式传导。

整体而言，要素稀缺式传导又可分为两种不同的形式。一是系统性要素稀缺式传导。系统性要素所产生的影响是全局性的、整体性的，要素稀缺所带来的风险关乎国家的生存安全，关乎国家的整体发展。以核力量为例。在美朝关系中，核力量发展是朝鲜国家安全的核心问题，在发展核力量之前，朝鲜一直面临着美国方面的巨大压力，包括核威慑以及常规力量威胁的双重压力。由于对外没有核威慑的手段，朝鲜面临的外部环境领域风险一直很大。20世纪五六十年代的中国，同样也面临着类似的外部环境领域风险。由于中国自身没有核武器，而敌视中国的美国却拥有大规模的核武器，在这种完全不对称的双边结构中，中国的国家安全一直处在巨大的风险威胁之中，因为缺少了核力量这一发展要素，外部的安全风险便通过绝对的力量不对称传导到中国的国家建设和发展过程中，对中国的整体进步产生系统性的制约力。

二是领域性要素稀缺传导。与系统性要素风险传导相比较，领域性要素稀缺传导是一种相对微观的风险传导方式，它指某一具体领域的要素缺失或者发展短板所带来的风险影响。缺少自主性品牌、缺乏自主性知识产权和专利、技术"空心化"现象曾经给中国汽车产业的发展带来极大的阻碍，核心技术依赖从国外引进，缺乏自主创新，从而导致中国的汽车产业自主性和独立性发展较弱,技术缺失所产生的发展风险曾给中国的汽车产业带来了极大的桎梏。此外,信息产业的发展严重依赖芯片技术的发展,而中国的芯片技术大部分依赖国外技术,甚至可以说,国外技术某种程度上控制了中国的芯片发展,从而极大地影响着中国信息产业的发展。中美贸易战以来,美国加大了对中国高科技产业的封锁,2020年以来又加剧了对芯片技术的管控,甚至决定切断对中国的芯片供给,这给包括5G在内的互联网产业的发展带来了巨大的风险挑战。

  风险传导既是一个由多种因素构成的结构体系,也是一种多种元素互动的演变过程。风险源、传导载体和传导对象是风险传导的三大基本要素,也是风险传导结构的三大构成要件。裂变式传导、波浪曲线式传导和要素稀缺式传导是风险传导过程的三种基本方式。无论是风险传导的结构体系,还是风险传导的过程体系,它们都是风险传导理论的基本构成,也都是风险传导得以实现和完成的根本支撑。对外部环境领域重大风险传导理论的分析和研究,为我们更加有效地防范化解外部环境领域重大风险提供了重要的理论指引和支持。

第四章　牢牢把握防范化解外部环境领域重大风险的主动权

防范化解外部重大风险是一个系统工程，涉及外部重大风险防范化解的领导体制机制、理念、方式等诸多方面。2017年2月17日，习近平总书记在国家安全工作座谈会上指出："认清国家安全形势，维护国家安全，要立足国际秩序大变局来把握规律，立足防范风险的大前提来统筹，立足我国发展重要战略机遇期大背景来谋划。"[①] 各级党委政府和党员干部必须深刻领会和准确把握外部重大风险的新特点，深刻领会和准确把握习近平总书记关于防范化解重大风险的系列指示精神，坚持总体国家安全观，牢牢把握防范化解外部环境领域重大风险的主动权。

一、坚持以总体国家安全观为指导

当前，世界多极化、经济全球化深入发展，文化多样化、社会信息化持续推进，科技革命孕育新突破，全球合作向多层次、全方位拓展，新兴市场国家和发展中国家整体实力增强。随着中国的发展，一方面，中国与世界互动的频率加快、力度增强，国际影响力大幅提升，

[①] 中共中央党史和文献研究院编：《习近平关于总体国家安全观论述摘编》，中央文献出版社2019年版，第12页。

对外依存度和影响力也越来越大，与之而来的风险和挑战也越来越大。另一方面，世界仍很不安宁，国际金融危机影响深远，世界经济增长不确定因素增多，全球发展不平衡加剧，霸权主义、强权政治有所上升，大国博弈加剧，局部动荡频繁发生；各种思想、思潮交融交锋，恐怖主义肆虐，网络安全、生态安全等全球性问题更加突出。2019年1月21日，习近平总书记在省部级主要领导干部坚持底线思维着力防范化解重大风险专题研讨班开班式上指出：当前，世界大变局加速深刻演变，全球动荡源和风险点增多，我国外部环境复杂严峻。要求我们统筹好国内国际两个大局、发展安全两件大事。我们必须做到既聚焦重点、又统揽全局，有效防范各类风险连锁联动。

（一）必须统筹好国内国际两个大局

国内国际两个大局既相互紧密联系，又相对独立存在。打开国门搞建设，既需立足国内，充分运用我国资源、市场、制度等优势，又需重视国内国际经济联动效应，深刻认识、正确把握经济全球化的新特征，把外部环境变化当作谋划国内发展不可忽视的变量，把进口和出口、利用外资和对外投资统筹协调起来，把全方位对外开放和国内产业转型升级、空间结构优化布局有机结合起来，把满足自身发展需要和适应国际社会期待更好地结合起来。只有这样，才能更好地利用两个市场、两种资源，推动互利共赢、共同发展。反之，如果不能积极应对外部环境变化，不能统筹好国内国际两个大局，就可能面临外部重大风险。统筹国内国际两个大局，就要立足国内，放眼国际，形成两个大局之间相互借助、相互配合、良性互动的格局。

第一，要妥善处理国内发展与对外开放的关系。开放是手段，目的是促进国内发展。开放是把双刃剑，既带来机遇也带来风险。一方面，它为我国更好地利用国外的市场、资金和技术等提供了便利，为国内发展不断注入新的动力，培育参与和引领国际经济合作竞争新优势。另一方面，随着我们对外开放的步伐不断加快，领域不断拓宽，程度不断加深，我们所面临的外部环境领域风险也会越来越多、越来越大，如果我们不能把握好开放的节奏、力度和范围，盲目开放，就可能危及国家安全。习近平总书记指出："国际经济合作和竞争局面正在发生深刻变化，全球经济治理体系和规则正在面临重大调整，引进来、走出去在深度、广度、节奏上都是过去所不可比拟的，应对外部经济风险、维护国家经济安全的压力也是过去所不能比拟的。"[①] 统筹国内发展与对外开放，就要顺应我国经济深度融入世界经济的趋势，发展更高层次的开放型经济，积极参与全球经济治理，促进国际经济秩序朝着平等公正、合作共赢的方向发展。同时坚决维护我国发展利益，积极防范各种风险，确保国家经济安全。

第二，要妥善处理发挥自身优势与利用外部条件的关系。在开放型世界，只有既善于发挥自身优势，又能充分利用外部条件的国家，才能在开放型世界中立于不败之地，才能经受住各种风险考验。经过几十年的发展，我国拥有中国特色社会主义制度、国内市场潜力大、产业结构完备等诸多优势。同时，随着我国不断融入全球化，对全球化发展的基本规律也有了更清晰的认识，防范化解外部环境领域重大风险对我国冲击的能力不断提高，经受住了多方面考验。但是，在经济全球化深入发展的今天，虽然我国开放发展的大环境总体上比以往任何时候都要更为有利。但是面临的矛盾、风险和博弈也前所未有，稍不留神就可能掉入别人精心设置的陷阱。比如，金融危机外溢性凸显，国际金融风险点仍然不少。一些国家的货币政策和财政政策调整形成的风险外溢效应，有可能对我国金融安全形成外部冲击。统筹国内国际两个大局，就要在扩大开放中取长补短，做好自身优势与国外市场、资源、要素的对接，使自身优势得到充分发挥，国外资源得到

[①] 中共中央党史和文献研究院编：《习近平关于总体国家安全观论述摘编》，中央文献出版社 2019 年版，第 82 页。

有效利用，将风险降低到最低。

第三，要妥善处理立足自身国情办好自己事情与遵循国际规则履行国际责任之间的关系。一方面，我们推动发展，必须立足社会主义初级阶段的基本国情，立足我国依然是最大的发展中国家，首先着眼于把自己的事情办好。另一方面，也要认识到，我国已经是世界第二大经济体，我国的发展态势和政策举措势必产生日益增大的国际外溢效应，在调整国内政策和法规制度时也要考虑外部性或溢出效应，避免国内政策法规的调整引发外部环境领域重大风险。

第四，要妥善处理中国自身发展与世界共同发展的关系。世界是有机联系的整体，人类是一个命运共同体，中国的发展离不开世界的繁荣稳定，世界的繁荣稳定也离不开中国的发展，只有中国的发展与世界的繁荣稳定同频共振，才能带来共同的繁荣。统筹国内国际两个大局，就要在国际交往中既坚持原则，切实维护国家的核心利益和根本利益。同时又不搞零和思维，坚持"己所不欲，勿施于人""以和为贵""和而不同"，义字当头，倡导"各美其美、美美与共"，在互利共赢中防范化解外部环境领域重大风险，构建和谐世界。

（二）必须统筹好发展和安全两件大事

我国党和政府一直高度重视统筹发展和安全问题。早在 1963 年，毛泽东就指出："我国从十九世纪四十年代起，到二十世纪四十年代中期，共计一百零五年时间，全世界几乎一切大中小帝国主义国家都侵略过我国，都打过我们，除了最后一次，即抗日战争，由于国内外各种原因以日本帝国主义投降告终以外，没有一次战争不是以我国失败、签订丧权辱国条约而告终。其原因：一是社会制度腐败，二是经济技术落后。"[①] 毛泽东说，第一个原因基本解决了，第二个原因也开始有

---

① 中共中央文献研究室编：《毛泽东文集》第 8 卷，人民出版社 1999 年版，第 340 页。

了一些改变，但要彻底改变，至少还需要几十年时间。毛泽东指出："如果不在今后几十年内，争取彻底改变我国经济和技术远远落后于帝国主义国家的状态，挨打是不可避免的。"[①]

邓小平始终十分关注维护国际和平与促进国家发展的问题。他多次强调，中国要实现自己的发展目标，必不可少的条件是安定的国内环境与和平的国际环境。强调和平是发展的前提，发展是安全的保障。"发展是硬道理"，不能快速发展起来，对中国来说只能是死路一条。

江泽民、胡锦涛在推进改革开放实践中又提出"发展是执政兴国的第一要务""用发展的办法解决前进中的问题"等重要观点。

习近平总书记多次强调要统筹好发展与安全两件大事的问题。2013年11月9日，他在《关于〈中共中央关于全面深化改革若干重大问题的决定〉的说明》中指出："国家安全和社会稳定是改革发展的前提。只有国家安全和社会稳定，改革发展才能不断推进。"[②] 2014年4月15日，他在中央国家安全委员会第一次会议上强调，"既重视发展问题，又重视安全问题，发展是安全的基础，安全是发展的条件。"[③] 同年11月28日，他在中央外事工作会议上提出要统筹发展安全两件大事。他多次强调，国家安全是安邦定国的重要基石，维护国家安全是全国各族人民根本利益所在。发展是解决我国一切问题的基础和关键。强调安全和发展必须同步推进，无论哪个方面出现了问题，都有可能牵一发而动全身，形成事关全局的重大风险。

（三）既要聚焦重点又要统揽全局

统筹国内国际两个大局、发展安全两件大事，贯穿改革发展稳定

---

① 中共中央文献研究室编：《毛泽东文集》第8卷，人民出版社1999年版，第340页。
② 中共中央党史和文献研究院编：《习近平关于总体国家安全观论述摘编》，中央文献出版社2019年版，第3页。
③ 中共中央党史和文献研究院编：《习近平关于总体国家安全观论述摘编》，中央文献出版社2019年版，第5页。

的各领域和社会主义现代化建设的全过程，贯彻防范化解外部环境领域重大风险的各个方面。统筹好两个大局，做好两件大事，既需要统揽全局，从长远、战略、全局的角度去谋划，也需要根据形势发展的变化，突出重点，抓矛盾的主要方面。当前，要着力在以下几个重点领域做好防范化解外部重大风险工作。

1. 加强海外贸易投资的安全保护

习近平总书记强调："国际市场是个大空间，虽然说'天高任鸟飞，海阔凭鱼跃'，但往哪飞、有没有风浪也是要搞明白的，不能漫无目的乱飞，更不能往漩涡里钻。"[①] 在改革开放之初，国际市场空间扩张很快，只要有成本优势，出口就能扩大，出口成为拉动我国经济快速发展的重要动力。2008年国际金融危机发生后，全球总需求不振，我国低成本比较优势也发生了转化。如何继续培育我国出口竞争优势，谋求更大的贸易投资空间，是增强防范化解外部环境领域重大风险弹性的重要支撑。我们要加强宏观指导和服务，做好全球贸易投资需求的规模、领域和国别研究，提供对外贸易对外投资精准信息，不断完善对外贸易投资区域布局、贸易布局和投资布局，为更好地拓展我国外部贸易投资空间，增强防范化解外部贸易投资风险的弹性创造条件。

国际经济合作和竞争的深刻变化引发的对国际规则制定权的争夺空前激烈。一些国家受保护主义思潮的影响，逆全球化而动，使国际规则制定出现政治化、碎片化趋向，这也导致全球经济治理体系和规则不断出现重大调整。同时，一些西方发达国家利用其在政治、经济、科技和军事上的优势地位，利用其在国际规则上的优势，不断制造贸易摩擦，这对我国对外贸易投资环境的冲击是非常巨大的。如何有效应对国际贸易投资规则的政治化、碎片化调整，争夺全球治理和国际规则制定主导权的较量十分激烈，是一场硬仗。从总体上看，我国对

---

① 中共中央党史和文献研究院编：《习近平关于总体国家安全观论述摘编》，中央文献出版社2019年版，第215—216页。

外开放水平还不够高,用好国际国内两个市场、两种资源的能力还不够强,应对国际经贸摩擦、争取国际经济话语权的能力还比较弱,运用国际经贸规则的本领还不够强。防范化解对外贸易投资风险,就必须准备把握各国贸易政策变化,及时掌握各国特别是主要经济体对国际贸易规则修订的态度,从总体上把握国际贸易规则的动向,根据国际贸易投资规则修订动向,科学制定我国对外贸易投资政策,合理设定国际贸易投资规则谈判策略,推动国际贸易投资规则向更加公平合理的方向发展。

海上通道是中国对外贸易和进口能源的主要途径,保障海上航行自由安全对防范化解我国外部环境领域重大风险至关重要。中国的对外贸易90%是通过海上运输完成的;中国的能源需求有2/3是通过进口来满足的;中国是世界上最大的原油进口国,80%以上的原油进口是通过海上运输完成的;中国是世界上最大的海运大国,拥有世界上最大的海上运输船队;中国还是港口大国,沿海港口货物吞吐量世界第一。维护海上通道安全,中国是最大的利益攸关方,海上通道安全与畅通,最符合中国和周边国家利益。中国应与相关国家加强沟通和合作,共同维护海上航行自由和通道安全,构建和平安宁、合作共赢的海洋秩序。

2. 加强海外利益保护,确保海外重大项目和人员机构安全

随着全球化和中国对外开放的不断深入,中国的海外利益已经遍及全球的各个角落。大量的企业和人员"走出去",在境外注册的中资企业将近3万家,在海外工作生活的中国公民达到数百万人。与此同时,全球秩序正处于重构过程当中,全球、地区、有关国家等多个层面处于秩序转换之中,处于"新陈代谢"阶段的全球秩序出现失序、无序和"阵痛",不安全、不稳定因素增多,全球重大风险呈现出点多、面广、突发性强的特征,全球安全风险正处于显著上升期。在一些地缘冲突中,中国的海外资产与人员频频遭遇恐怖袭击、排华事件等重大风险,造成人员与财产损失。

国际形势的复杂多变，使我国海外利益面临的风险日益增加和多元化，中国应对海外风险的准备不足。从政府层面讲，我国传统海外利益保护模式越来越难以满足海外利益发展的需要。2015年12月18日，习近平总书记在中央经济工作会议上就指出："国际安全形势很复杂，而我们在国际上基本是不设防的，也没有什么有效手段。遇到重大风险可以集中撤侨，但对活动在全球各地的我国公民和法人，我们的安保能力十分有限。要说短板，这也是我们的一个突出短板。"[①] 从企业层面来说，我国企业"走出去"存在视野不宽，知识储备不够，深度调研缺乏，对海外投资的政治环境、人文环境、法律环境、政策环境等缺乏足够认识等诸多问题。2015年10月18日，习近平总书记在接受英国路透社采访时就指出："同世界上老牌的大公司对比，中国企业走出去还缺乏经验，在适应各国法律制度、技术标准、市场营销、人员管理、当地文化等方面的能力需要不断提高。"[②]

在新形势下，我们必须加快自己的海外利益保护体系建设，不断提高海外安全保护能力和水平，努力实现自身安保能力与海外利益布局相匹配。我们要积极参与全球经济治理和规则制定，提高制度性话语权，构建广泛的利益共同体。要坚持共同但有区别的责任原则、公平原则、各自能力原则，积极参与应对全球气候变化谈判，落实减排承诺。主动参与2030年可持续发展议程。加强与主要经济体宏观经济政策对话协调，巩固二十国集团作为全球经济治理重要平台的地位。推动多边贸易谈判进程，促进国际货币体系和国际金融监管改革。

3. 完善共建"一带一路"安全保障体系

推动共建丝绸之路经济带和21世纪海上丝绸之路，既是中国对外开放大方略，也是国内区域发展大方略。"一带一路"建设将使我国西

---

① 中共中央党史和文献研究院编：《习近平关于总体国家安全观论述摘编》，中央文献出版社2019年版，第218—219页。
② 中共中央党史和文献研究院编：《习近平关于总体国家安全观论述摘编》，中央文献出版社2019年版，第217页。

北、西南、东北等沿边地区变为对外开放的前沿和核心区,也有利于内陆地区的交通、产业等优势向四面八方延伸,有利于充分发挥沿海地区经济实力强、辐射带动作用大、作为改革创新排头兵的作用,有利于形成海陆统筹、东西互济的对外开放新格局。

"一带一路"坚持共商共建共享原则,聚焦互联互通,与沿线相关国家共商建设大计,共推建设项目,着力推动政策沟通、设施联通、贸易畅通、资金融通、民心相通,携手应对人类面临的各种风险挑战,实现互利共赢、共同发展。自2013年习近平总书记提出共建"一带一路"倡议以来,"一带一路"已经成为世界上规模宏大的合作平台和备受欢迎的公共产品。截至2019年年初,已有123个国家和29个国际组织签署了共建"一带一路"合作文件。[①]

但是,我们也要看到,"一带一路"沿线国家众多,发展水平各异,受国际发展失衡、全球治理体系变革滞后以及各国内部运行等因素影响,部分国家和平赤字、发展赤字严重,安全短板突出;企业"走出去"在境外经营合作中可能会遇到政治、经济、信用、市场、法律及合规、声誉等多重风险。2017年5月14日,习近平在第一届"一带一路"国际合作高峰论坛开幕式上指出:"世界经济增长需要新动力,发展需要更加普惠平衡,贫富差距鸿沟有待弥合。地区热点持续动荡,恐怖主义蔓延肆虐。和平赤字、发展赤字、治理赤字,是摆在全人类面前的严峻挑战。"[②] 防范化解这些风险,就需要在总体国家安全观的指导下,进一步统筹好国内国际两个大局,发展和安全两件大事,着力处理好六个关系。

要处理好我国利益和沿线国家利益的关系,将"一带一路"建成繁荣之路。发展是解决一切问题的总钥匙。防范化解推进"一带一路"

---

① 参见《王毅谈"一带一路"建设:已有123个国家和29个国际组织投出支持票》,人民网,2019年3月8日。

② 《习近平谈治国理政》第2卷,外文出版社2017年版,第508—509页。

建设中的各种风险，必须抓住发展这个根本，在经济上大融合，在发展上大联动，在成果上大共享。建设"一带一路"不应是我国一国的事，不能仅仅着眼于我国自身的发展，而应抓住发展这个最大公约数，让更多国家搭上我国发展的"快车""便车"，在造福中国人民的同时，更多造福"一带一路"沿线各国人民，着力解决发展失衡、治理困境、数字鸿沟、分配差距等问题。习近平总书记指出："我们要在发展自身利益的同时，更多考虑和照顾其他国家利益。要坚持正确义利观，以义为先、义利并举，不急功近利，不搞短期行为。要统筹我国同沿线国家的共同利益和具有差异性的利益关切，寻找更多利益交汇点，调动沿线国家积极性。我国企业走出去既要重视投资利益，更要赢得好名声、好口碑，遵守驻在国法律，承担更多社会责任。""中国愿同世界各国分享发展经验，但不会干涉他国内政，不会输出社会制度和发展模式，更不会强加于人。我们推进'一带一路'建设不会重复地缘博弈的老套路，而将开创合作共赢的新模式；不会形成破坏稳定的小集团，而将建设和谐共存的大家庭。"①

要处理好政府、市场、社会的关系，将"一带一路"建成创新之路。政府主要发挥把握方向、统筹协调的作用，在宣传推介、加强协调、建立机制上发挥主导作用。同时发挥市场作用，构建以市场为基础、企业为主体的区域经济合作机制，广泛调动各类企业参与，引导更多社会力量投入"一带一路"建设，着力形成政府、市场、社会有机结合的合作模式，形成政府主导、企业参与、民间促进的立体格局。政府、市场、社会都要坚持创新驱动发展，优化创新环境，集聚创新资源，推动创新发展。

要处理好经贸合作与人文交流的关系，将"一带一路"建成文明之路。民心相通是"一带一路"建设的重要内容，也是防范化解"一

---

① 《习近平谈治国理政》第 2 卷，外文出版社 2017 年版，第 501、514 页。

带一路"建设中诸多风险的人文基础。要以文明交流超越文明隔阂、文明互鉴超越文明冲突、文明共存超越文明优越，尊重各国人民文化历史、风俗习惯，加强同沿线国家人民的友好往来，推动各国相互理解、相互尊重、相互信任，厚植防范化解"一带一路"建设中风险的社会基础。

要处理好对外开放和维护国家安全的关系，将"一带一路"建成和平之路。开放如同破茧成蝶，会带来新生，但是也会有一时阵痛，如何在开放中避免出现外部环境领域重大风险，确保国家安全，是在推进"一带一路"建设过程中必须权衡的问题。要构建以合作共赢为核心的新型国际关系，打造对话不对抗、结伴不结盟的伙伴关系。各国应尊重彼此主权、尊严、领土完整，尊重彼此发展道路和社会制度，尊重彼此核心利益和重大关切。树立共同、综合、合作、可持续的安全观，加强同沿线国家在安全领域的合作，完善安全风险评估、监测预警、应急处置，营造共建共享的安全格局。要着力化解热点，坚持政治解决；着力斡旋调解，坚持公道正义；着力推进反恐，标本兼治，消除贫困落后和社会不公；产能合作要注意把握节奏、以我为主，注重规避贸易壁垒，把我国企业的技术、资金、管理和所在国或者整个区域的市场需求、劳动力、资源等要素结合起来；要依托体系的项目群、产业链、经济区，在贸易、投资、技术、标准等制度建设上推进我国同沿线各国形成利益共享、风险共担、理念相通的共同体。

要处理好务实推进和舆论引导的关系，将"一带一路"建成示范之路。务实推进是防范化解"一带一路"建设各种风险的重要抓手，项目抓得越准越实越能共享，真正形成命运共同体、利益共同体、责任共同体，风险就越小。产业上，要推动各国发展规划相互兼容、相互促进；金融上，要努力建立稳定、普惠、可持续、风险可控的金融保障体系；设施联通上，要以经济走廊建设为依托，聚焦关键通道、关键城市、关键项目，着力建立陆上、海上、天上、网上四位一体的完整网络。在务实推进的同时，还要强化舆论引导，加强"一带一路"建设学术研究、理论支撑、话语体系建设，讲好"一带一路"故事，传播好"一带一路"声音，为务实推进"一带一路"建设营造良好舆论环境。

要处理好我国总体目标和各国具体目标的关系，将"一带一路"建成开放之路。开放带来进步，封闭导致落后。"一带一路"倡议是我国新一轮对外开放的重要抓手，也是推动相关国家对外开放的重要引擎。不管是五联五通，还是经济走廊建设，只要各国在共商共建共通共融共享上服从"一带一路"大局，服从"一带一路"全局，就能够防范化解"一带一路"建设中的各种风险。要完善共建"一带一路"安全保障体系，加强"一带一路"安全保障的总体规划和统一部署，要根据不同国别、不同地区、不同项目存在的风险，与沿线国家探索共建"一带一路"境外安全风险识别、防控和应急体系架构。

(四) 必须有效防范各类风险连锁联动

全球化条件下，风险的联动性日益增强。国内风险可能演化为国际风险，国际风险可能演化为国内风险；地缘政治风险可能演化为地缘经济风险，地缘经济风险也可能演化为地缘政治风险；金融风险可能演化为经济风险，经济风险也可能演化为金融风险；国际重大公共卫生安全和原油等大宗商品价格巨幅波动，可能波及股市、汇市、债市，引发全球金融市场波动，股市、汇市、债市之间也可能形成连锁联动，引发外部环境领域重大风险；产业链、价值链之间也可能相互转化为各种风险。因此，防范各类风险之间的连锁联动是防范化解外部环境领域重大风险的重要方面。

第一，要防范产能合作风险的连锁联动。在国际产能合作中，要把适应国内外两方面需要结合起来，要把国内过大的存量产能降下来，促进国内产业结构调整，带动性价比高的装备出口，优化提升我国在国际产业分工中的地位。要适应发展中国家完善基础设施和健全产业体系的需要，充分发挥我国工业生产能力大、企业工程承包能力强、融资支持力度大等优势，推动相关国家工业化进程，同时广泛开展三方合作，共同开发第三方市场，在国际产能合作中实现双赢多赢共赢，打牢我国相关企业防范化解外部环境领域重大风险的驻在国基础。

第二，要防范内外贸易风险的连锁联动，协调推进内外贸易。当前，国内市场与国际市场互动日益增强，相互之间的影响越来越快捷直接。目前我国不少农产品的国内生产成本和市场价格高于国际市场，进口压力较大，对国内农业生产和农民利益产生影响。一些进口依存度高的商品，如大豆、能源矿产等，如果进口大起大落，也会对国内外市场稳定带来风险。这就需要树立国内国际市场一体化的意识，通过合理调节进出口，保障国内市场稳健运行，促进国内市场与国际市场趋向均衡。

第三，要防范双向投资风险的连锁联动，协调推进双向投资。完善市场准入负面清单制度，放宽市场准入，坚持内外资企业一视同仁、公平竞争，积极有效利用外资。顺应我国对外投资快速发展的趋势，加快中国装备、技术、标准、服务走出去，培育一批国际竞争力强的跨国企业。既要防止产业空心化，又要促进产业高端化。总之，要更加重视国内国际经济联动效应，坚持内外需协调、进出口平衡、引进来和走出去并重、引资和引技引智并举，努力形成中国经济与世界经济深度融合的互利合作格局。

第四，要防范不同风险之间的连锁联动。人类从来不是孤岛，风险也从来不孤立，往往一种风险的发生可能引发其他风险的连锁联动。比如，国际重大传染性疾病的爆发，可能产生"蝴蝶效应"，引发全球产业链风险，进而引起投资者的忧虑，引发全球性金融风暴。比如，2020年新冠肺炎疫情和石油战两只"黑天鹅"的出现，就演绎成全球性"金融风暴"，导致美股4天2次大熔断，泰国、菲律宾、韩国、巴基斯坦、印度尼西亚、巴西、墨西哥、哥伦比亚、加拿大等国股市触及熔断，欧洲富时100、法国CAC40、德国DAX指数一日间跌幅均超过10%，创历史纪录。连股神巴菲特都感慨，自己活了89岁，也没有见过这样的场面。全球疫情的持续扩散及海外工厂停工停产对我国外贸进出口两端均有影响，出口端尤为显著。疫情暴发也可能导致国内劳动密集型产业向欠发达国家转移。在此情况下，我国的财税金融以及产业政策，应该如何帮助相关企业渡过难关，如何维护住产业链的完整互动，如何避免中小企业倒闭，如何避免尽量少的工人失业等诸多方面通盘考虑、系统谋划。与此同时，为了抗击疫情和防范股市崩盘，各国央行纷纷采取宽松的货币政策，全球货币宽松对我国货币政策将产生什么样的联动影响，我国的货币政策是否需要联动跟进，什么时候跟进，如何跟进，都是我们需要深度思考的问题。因此，出现外部重大风险时，必须深入研究风险之间连锁联动的机制，及时把握发展趋向，科学防范，精准化解。

二、坚持党对防范化解外部环境领域重大风险的绝对领导

中国共产党是中国特色社会主义事业的领导核心，中国共产党领导是中国特色社会主义最本质的特征，是中国特色社会主义制度的最大优势。党政军民学、东西南北中，党是领导一切的。党的十九届四中全会通过的《中共中央关于坚持和完善中国特色社会主义制度 推进国家治理体系和治理能力现代化若干重大问题的决定》指出，要"坚决维护党中央权威，健全总揽全局、协调各方的党的领导制度体系，把党的领导落实到国家治理各领域各方面各环节"。

防范化解外部环境领域重大风险是国家治理的重要领域和关键环节，关乎国家安全和社会安定，关乎社会主义的前途命运，关乎国家改革开放的大局，关乎国家利益，关乎中华民族伟大复兴中国梦奋斗

目标的顺利实现。2015年10月，习近平总书记指出："今后五年，可能是我国发展面临的各方面风险不断积累甚至集中显露的时期。我们面临的重大风险，既包括国内的经济、政治、意识形态、社会风险以及来自自然界的风险，也包括国际经济、政治、军事风险等。如果发生重大风险又扛不住，国家安全就可能面临重大威胁，全面建成小康社会进程就可能被迫中断。"①

防范化解外部重大环境领域风险具有极其鲜明、极其强烈的政治属性，更要突出强调党的领导。坚持党对防范化解外部环境领域重大风险的绝对领导是社会主义制度的必然政治要求，是维护国家利益、国家安全和社会安定的根本政治保证，必须更加旗帜鲜明地坚持党在防范化解外部环境领域重大风险的绝对领导地位，充分发挥党在防范化解外部环境领域重大风险中领导者、引领者和组织者作用，确保防范化解外部环境领域重大风险不偏离正确方向。坚持党对防范化解外部环境领域重大风险的绝对领导，一定要努力做到"九个必须"。

（一）必须以维护国家政治安全为根本

政治安全攸关我们党和国家安危，是国家安全的根本。外部经济、文化、科技、社会、网络、军事等领域风险的防范化解，都需要以政治安全为前提。防范化解外部重大风险，必须确保国家的政权安全和制度安全。

（二）必须以维护人民安全为宗旨

人民安全高于一切，人民安全是国家安全的基石和归宿。防范化解外部环境领域重大风险必须把保障人民生命财产安全、保障人民生存发展基本条件、保障人民安全稳定的外部环境放在首要位置。

---

① 中共中央文献研究室编：《十八大以来重要文献选编》（中），中央文献出版社2016年版，第833页。

(三)必须维护国家经济安全基础

经济安全是国家安全体系的重要组成部分,是国家安全的基础。防范化解外部环境领域重大风险必须有利于促进我国经济社会持续稳定健康发展,有利于提高我国经济实力,强化国家经济安全基石。

(四)必须强化国家军事、科技、文化、社会安全的保障地位

军事安全在国家安全体系中具有关键性作用,是维护国家安全的根本保障。科技安全是支撑国家安全的重要力量和物质基础,是实现其他相关领域安全的关键要素,是提高社会生产力和综合国力的战略支撑,在国家发展全局中处于核心位置。文化安全是确保一个民族、一个国家独立和尊严,提升国家软实力,增强国家凝聚力、影响力、引领力、亲和力的重要精神支撑。社会安全是国家改革发展的重要保障,是国家安全的"晴雨表"。防范化解外部环境领域重大风险,必须有利于强化军事安全在国家安全体系中的关键性作用,有利于强化科技安全在国家发展中的支撑作用,有利于强化文化安全在国家发展稳定中的凝聚引领作用,有利于强化社会安全在国家发展中的保障作用。

(五)必须促进国际安全的依托作用

世界是一个有机的、不断转化的集合体,面对错综复杂的国际安全威胁,单打独斗不行,迷信武力更不行,合作安全、集体安全、共同安全才是解决问题的正确选择。防范化解外部环境领域重大风险必须有利于化解全球性挑战,有利于促进全球经济稳定持续发展,有利于全球多元共生、包容共进、互利共赢。

(六)必须建立集中统一、高效权威的防范化解外部环境领域重大风险领导体制

防范化解外部环境领域重大风险是复杂的系统工程,需要完善周

全的顶层设计、强有力的组织领导和统筹兼顾的推进实施。加强党对防范化解外部环境领域重大风险集中统一领导，利于充分调动全党全国各方面力量和资源，团结一致，共同参与，协力推动外部环境领域重大风险防范化解工作。党的十八大以来，以习近平同志为核心的党中央高度重视国家安全工作，高度重视防范化解外部环境领域重大风险，高度重视党和国家对外工作。成立了中央国家安全委员会，加强国家安全顶层设计，明确国家安全战略方针和总体部署，加强对国家安全工作的集中统一领导。将中央外事工作领导小组改为中央外事工作委员会，为强化外事领域重大工作的顶层设计、总体布局、统筹协调、整体推进、督促落实，提高防范化解外部环境领域重大风险把方向、谋大局、定政策能力等方面提供了强大政治保障。党的十九届四中全会明确提出："构建统一指挥、专常兼备、反应灵敏、上下联动的应急管理体制，优化国家应急管理能力体系建设，提高防灾减灾救灾能力。"习近平总书记在主持中央政治局第十九次集体学习时，强调要发挥我国应急管理体系的特色和优势，借鉴国外应急管理有益做法，积极推进我国应急管理体系和能力现代化。这进一步明确了中国应急管理体系建设的努力方向，为持续完善中国应急管理体系提供了根本遵循，也为防范化解外部环境领域重大风险提供了新的体制保障。

（七）必须建立健全党委统一领导的防范化解外部环境领域重大风险工作责任制

各级党委（党组）是防范化解外部环境领域重大风险的责任主体，肩负着防范化解外部环境领域重大风险的重要职责，要强化防范化解外部环境领域重大风险的主体责任，做到守土有责，守土尽责。要认真贯彻落实党中央关于防范化解外部环境领域重大风险的决策部署，从全局高度集中调度、合理配置各地资源，进一步健全本地区本领域防范化解外部环境领域重大风险运行机制，统筹协调、跟进落实好本地区本领域防范化解外部环境领域重大风险工作。要建立统一领导、协同联动、有序高效的防范化解外部环境领域重大风险管控体系,加强防范化解外部环境领域重大风险工作跨地区、跨部门会商、协同联动,增强防范化解外部环境领域重大风险的协同配合。要加强外部环境领域重大风险信息共享、情报交流,定期分析研判外部环境领域重大风险,优化决策咨询制度,提高预知、预警、预防能力,着力增强防范化解外部环境领域重大风险的系统性、整体性、协同性和有效性。健全防范化解外部环境领域重大风险舆论引导与管控机制、宣传教育和培训机制,增强全民防范化解外部环境领域重大风险的责任感、使命感。

(八)必须完善防范化解外部环境领域重大风险防控体制机制

要针对防范化解外部环境领域重大风险中暴露出来的短板和不足,抓紧补短板、堵漏洞、强弱项,该坚持的坚持,该完善的完善,该建立的建立,着力建立健全防范化解外部环境领域重大风险研判机制、决策风险评估机制、风险防控协同机制、风险防控责任机制,主动加强协调配合,坚持一级抓一级、层层抓落实。建立健全风险研判机制,要充分发挥专业机构、专业人才等评估力量的作用,科学研判风险的等级,为化解风险做科学准备。建立健全风险防控协同机制,就要动员全党、全国人民、全社会力量参与风险防范化解。要通过完善风险防控机制,对风险产生、发展的全过程进行监控,对风险的发生诱因与事前防范、风险的事中演进与有效控制、风险的化解与事后治理等进行全方位管理。

(九)必须坚持依法防范化解外部环境领域重大风险

法治是治国理政的基本方式。依法治国是社会主义法治的核心内容,是我们党治理国家的基本方略。要从立法、执法、司法、守法各环节发力,切实推进依法、科学防范化解外部环境领域重大风险。各级党委和政府要全面依法履行职责,坚持运用法治思维和法治方式开展外部环境领域重大风险防范化解工作。防范化解外部环境领域重大风险越是到最吃劲的时候,越要坚持依法防范化解,在防范化解外部环境领域重大风险中推进法治政府建设,提高依法防范化解外部环境领域重大风险的水平和能力。

三、坚持国家利益至上

人类对国家利益的关注已经十分久远了,对国家利益的界定在不同的历史时期也有着不同的解读。修昔底德在《伯罗奔尼撒战争史》一书中指出:无论是在国家还是在个人之间,利益的一致性是最可靠的纽带。19世纪英国外交家帕麦斯顿称,国家没有永远的朋友,也没有永远的敌人,只有永远的利益。美国第一任总统华盛顿说:"除了国家利益,人们别指望政府会在任何其他基础上不断地采取行动。"[①] 马克思认为,社会上不存在利益的真空,人民奋斗所争取的一切,都同他们的利益相关。

国家利益是一种客观存在,它是一个主权国家在国际社会中生存需求和发展需求的总和。主要体现在三种基本需求:一是确保国家生存,包括维护领土完整和保护本国公民的生命财产安全;二是促进人民的经济福利与幸福;三是保持社会制度和政府体系的自决自主。

在现实中,国家利益不是单一的,而是由国家不同领域和不同主体的多种利益构成的,是一个不可分割的整体。国家利益按照不同标准可以有多种分类方法。从时效性上看,可以分为长远利益、当前利益和潜在利益;从横向上看,涉及国内与国际政治、国土、军事、经

[①] 朱炳元:《全球化与中国国家利益》,人民出版社2004年版,第108页。

济、文化和社会等诸多领域；从维护的主体看，涉及全球层面、地区层面，以及国家内部各层面；从来源看，则既涉及传统威胁，也涉及非传统威胁。

在全球化条件下，政界商界学界甚至一般老百姓更表现出对国家利益的执着关怀。一方面，国家利益表现出排他的特性，比如，主权、领土完整体现的是国家的根本利益，是不容侵犯的。另一方面，随着全球范围内各国相互依赖的程度不断加深，国家利益间重叠度日益提高，国家利益也体现出共同的一面，各国只有通过合作才能更好地维护本国利益。1989年10月31日，邓小平在会见美国前总统尼克松时指出，"考虑国与国之间的关系主要应该从国家自身的战略利益出发"①。

国家利益所具有的至高无上特性，要求我们在防范化解外部环境领域重大风险时，必须把维护国家利益放在首要位置，把维护国家主权、领土完整和发展利益，维护人民的生命财产安全和幸福，维护社会制度和政府体系的自决自主，作为防范化解外部环境领域重大风险的神圣使命，作为制定和实施防范化解外部环境领域重大风险措施的主要依据，作为调整制定防范化解外部环境领域重大风险相关政策的基本着眼点，任何不符合国家利益的政策、战略都应该加以调整。2019年9月3日，习近平在秋季学期中央党校（国家行政学院）中青年干部培训班上强调，共产党人的斗争是有方向、有立场、有原则的，大方向就是坚持中国共产党领导和我国社会主义制度不动摇。凡是危害中国共产党领导和我国社会主义制度的各种风险挑战，危害我国主权、安全、发展利益的各种风险挑战，危害我国核心利益和重大原则的各种风险挑战，危害我国人民根本利益的各种风险挑战，危害我国实现"两个一百年"奋斗目标、实现中华民族伟大复兴的各种风险挑

---

① 《邓小平文选》第3卷，人民出版社1993年版，第330页。

战,只要来了,我们就必须进行坚决斗争,而且必须取得斗争胜利。我们的头脑要特别清醒、立场要特别坚定,牢牢把握正确斗争方向,做到在各种重大斗争考验面前"不畏浮云遮望眼","乱云飞渡仍从容"。

国家利益具有分层性。国家利益可以分为核心利益、重大利益和一般利益,也可以分为整体利益、局部利益。国家利益所具有的分层特性,要求我们在防范化解外部环境领域重大风险时,必须剖析外部环境领域重大风险的程度,并在对国家利益进行分层基础上,明确就外部环境领域重大风险对国家利益影响的重要性进行排序,这样才能更有针对性地、更加有效地确定外部环境领域重大风险防范化解的重点、等级和主次,更加科学合理地确定防范化解外部环境领域重大风险的具体目标和政策取向。坚持国家利益至上防范化解外部环境领域重大风险,要努力做到"四个必须"。

(一)必须坚持底线思维,把维护国家核心利益放在首位

对于事关国家生死存亡核心利益的外部环境领域重大风险,必须保持清醒的头脑,强化底线思维,有效防范、管理和处理,有力应对、处置和化解。要采取果断措施,坚决予以维护,如果受到侵犯,就要坚决予以回击。习近平总书记在多个场合反复强调要坚决维护国家核心利益,强调要坚定不移地维护国家主权和领土完整,不惹事,但也不怕事,坚决捍卫正当合法权益;强调走和平发展道路,但决不放弃正当权益,决不牺牲国家核心利益;强调不回避矛盾和问题,国家主权和领土完整问题不容妥协,必须针锋相对,寸土必争;强调在一穷二白时我们敢于维护国家利益,不向外来压力弯腰、低头,现在发展了强大了,我们更不会屈从于任何外来压力。习近平在庆祝中国人民解放军建军 90 周年大会上强调:中国人民珍爱和平,我们决不搞侵略扩张,但我们有战胜一切侵略的信心。我们绝不允许任何人、任何组织、任何政党、在任何时候、以任何形式、把任何一块中国领土从中

国分裂出去，谁都不要指望我们会吞下损害我国主权、安全、发展利益的苦果。这既体现了我国党和政府勇于决断、敢于担当的战略胆识和坚强信念，也向世界清晰地表明了我国核心利益的红线，亮明了我国维护核心利益的底线。

（二）必须妥善处理国家利益与地方利益、整体利益与局部利益的关系

外部环境领域重大风险的防范化解事关国家利益和地方利益，事关整体利益和局部利益。总体而言，国家利益与地方利益，整体利益与局部利益是一致的，国家利益、整体利益所体现的是人民的根本利益，符合绝大多数人民的愿望。但是，从实现形式上来说，有时候国家利益与地方利益、整体利益与局部利益又未必完全重合，有时候甚至有矛盾、有冲突，在这种情况下，地方利益就要服从国家利益，局部利益就要服从整体利益。在防范化解外部环境领域重大风险时，地方政府、相关企业就要站在全局的高度，树立大局意识、整体意识，不能将地方利益、局部利益置于国家利益、整体利益之上，损害国家利益和整体利益。

（三）必须妥善处理维护本国利益与兼顾他国合理关切的关系

坚持国家利益至上，防范化解外部环境领域重大风险，并不是要损害别国利益，不顾及别国利益。邓小平指出，"着眼于自身长远的战略利益，同时也尊重对方的利益，而不去计较历史的恩怨，不去计较社会制度和意识形态的差别"[①]。习近平多次指出，中国发展绝不以牺牲别国利益为代价，绝不做损人利己、以邻为壑的事情。防范化解外部环境领域重大风险，在考虑本国利益的同时，也要兼顾他国合理关

---

① 《邓小平文选》第3卷，人民出版社1993年版，第330页。

切，尊重他国利益。2013年10月24日，习近平在周边外交工作座谈会上强调："要找到利益共同点和交汇点，坚持正确义利观，有原则、讲情谊、讲道义，多向发展中国家提供力所能及的帮助。"①

（四）必须不断创新维护国家利益的方式方法

善于运用底线思维的方法，凡事从坏处准备，努力争取最好的结果，做到有备无患、遇事不慌，牢牢把握主动权。适应全球化趋势，着眼国家间共同利益，从低敏感、低风险领域入手，积极培育合作防范化解外部环境领域重大风险的意识，不断扩大合作的领域和范围，不断提高合作的层次和水平，不断创新合作的方式。在防范化解外部环境领域重大风险过程中，倡导人类命运共同体意识，在追求本国利益时兼顾他国合理关切，努力扩大各方共同利益的汇合点。比如，在贸易谈判、气候谈判中，就要努力化解分歧点，寻求利益汇合点，在合作共赢中化解贸易摩擦、贸易争端，在求同存异、聚同化异中防范化解气候变化给全球发展带来的风险。

四、坚持人类命运共同体思想

当今世界，各国命运与共、唇齿相依，利益交织、风险共通，山川异域、风月同天，人类已经是一个有机的命运共同体。在重大风险面前，任何一个国家都难以置身事外，风险如果不能有效化解，就可能蔓延波及其他国家，任何一个国家都不能把自己的安全建立在他国的不安全之上，都很难转嫁重大风险。实践已经证明，单边主义、零和博弈的全球扩张即使能得益于一时，也终究不能抵抗"历史兴亡周期律"。没有哪个国家能够独自应对人类面临的各种挑战，也没有哪个

---

① 《习近平谈治国理政》，外文出版社2014年版，第299页。

国家能够退回到自我封闭的孤岛。必须顺应时代发展潮流，顺应全球化的潮流。所以习近平总书记强调："我们不能因现实复杂而放弃梦想，不能因理想遥远而放弃追求。"① 世界各国只有紧紧团结在一起，才能筑起防范化解外部环境领域重大风险的严密"铁丝网"。

（一）推动建设相互尊重、公平正义、合作共赢的新型国际关系

防范化解国际重大风险，必须强调相互尊重。要摒弃传统的以强凌弱的丛林法则，坚持国家不分大小、贫富、强弱，要一律平等，各国主权范围内的事情只能由本国政府和人民去管，要尊重各国根据各自国情选择发展道路，坚决反对外部势力干涉国家内政，要尊重各国的主权、领土完整、法律政策和独特的文化传统。

防范化解国际重大风险，必须强调公平正义。世界的命运必须由各国人民共同掌握，世界上的事情应该由各国政府和人民共同商量来办。在防范化解国际风险时，要尊重彼此的关切、照顾彼此的利益，捍卫联合国宪章宗旨和原则，维护国际关系基本准则，推动制定平衡反映各方利益和关切的国际规则和措施，确保各国在防范化解外部环境领域重大风险时权利平等、机会平等、规则平等，营造公正合理的防范化解风险的国际秩序。

防范化解国际风险，必须强调合作共赢。要奉行双赢多赢共赢的新理念，扔掉过去那种我赢你输、赢者通吃的旧思维，不能把世界长期发展建立在一批国家越来越富裕而另一批国家长期贫穷落后的基础上，不能把自己的安全建立在他国的不安全基础上，不能把自己的和平稳定建立在他国的风险之上。世界各国无论大小，都要在追求本国利益的时候兼顾他国合理关切，把本国利益同各国共同利益结合起来，努力扩大各方共同利益的汇合点，增进人类共同利益。在谋求自身发

---

① 《中国共产党第十九次全国代表大会文件汇编》，人民出版社2017年版，第47页。

展的同时，积极促进其他各国共同发展，让各国和各国人民共同享受发展的成果。在谋求本国安全、防范化解外部环境领域重大风险时，更好地促进相关国家的安全和风险的防范化解。

(二)构建持久和平、普遍安全、共同繁荣、开放包容、清洁美丽的世界

防范化解国际重大风险，必须着力构建持久和平的世界。习近平总书记指出，和平犹如空气和阳光，受益而不觉，失之则难存。没有和平，发展就无从谈起。构建持久和平，世界各国都应该坚决摒弃冷战思维和强权政治，以对话解决争端，以协商化解分歧，做和平的维护者和促进者。

防范化解国际重大风险，必须着力构建普遍安全的世界。世上没有绝对安全的世外桃源，一国的安全不能建立在别国的动荡之上，他国的风险威胁也可能成为本国的挑战。"单则易折，众则难摧。"单打独斗搞"独自强大"或者"自扫门前雪"不行；迷信武力损害他人的安全福祉，走殖民主义、霸权主义、结盟对抗的老路更不行。各国应该走合作安全、集体安全、共同安全的新路，着力实现共同（所有的人、所有的国家）、综合（涉及政治、经济、军事、外交、环境、文化等各个领域）、合作、可持续的安全。

防范化解国际重大风险，必须着力构建共同繁荣的世界。"一花独放不是春，百花齐放春满园。"世界各国在考虑自身利益，做好自己的事的同时，不能损害其他国家利益，必须同舟共济，努力加强政策协调，比如宏观经济政策、财税政策、货币政策、汇率政策等方面的政策协调，减少负面外溢效应（不能损害到别的国家），让世界各国实现联动增长，在普惠中追求共赢。

防范化解国际重大风险，必须着力构建开放包容的世界。世界各国虽然国情不同、发展阶段不同、面临的现实风险挑战不同，但推动经济增长的愿望相同，应对危机和风险的利益相同，实现共同发展的憧憬相同。在经济全球化出现波折，保护主义、内顾倾向抬头的时候，多边贸易体制受到冲击。保护主义政策如饮鸩止渴只会是损人不利己。世界各国应该坚决避免以邻为壑，维护世界贸易组织规则，支持开放、透明、包容、非歧视性的多边贸易体制，坚定做开放型世界经济的倡导者和推动者，这样的世界在面对国际重大风险时，才更具弹性和张力，才更有应对力。

防范化解国际重大风险，必须着力构建清洁美丽的世界。在面临全球气候变化的巨大挑战面前，要坚持环境友好，推动经济、社会、环境协调发展，保护好生态环境，构筑尊崇自然、绿色发展的生态体系，实现人与自然、人与社会的和谐。要落实联合国《2030年可持续发展议程》，合作应对气候变化，保护好人类赖以生存的地球家园。

防范化解国际重大风险，推动构建新型国际关系、构建人类命运共同体，必须从六个方面着力。

在政治上，要相互尊重、平等协商，坚决摒弃冷战思维和强权政治，走对话而不对抗、结伴而不结盟的国与国交往新路。

在军事安全上，要坚持以对话解决争端、以协商化解分歧，统筹应对传统和非传统安全威胁，反对一切形式的恐怖主义。

在经济上，要同舟共济，促进贸易和投资自由化便利化。也就是说，贸易投资要自由、开放、便利，在开展国际交往中，不能设置各种壁垒，包括技术壁垒、法律壁垒、政策壁垒，这些对发展都是不利的。要推动经济全球化朝着更加开放、包容、普惠、平衡的方向发展。开放，就是要让国与国之间的经济交流更加自由便利；包容，就是不同国家、不同制度、不同发展水平的国家之间能够彼此包容；普惠，就是所有的国家都能够得到好处；平衡，就是不能出现一部分国家特别富有、一部分国家特别贫穷的情况。

在文化上，要尊重世界文明多样性。各种文明，都要获得尊重，不存在一种文明比另一种文明好的情况。要以文明交流超越文明隔阂、文明互鉴超越文明冲突、文明共存超越文明优越。

在生态环境上，要坚持环境友好，合作应对气候变化。不管是发达国家还是发展中国家，也不管是陆地国家还是海洋国家，要共同应对气候的变化，要共同承担义务和责任，从而保护好人类赖以生存的地球家园。

病毒没有边界，疫情不分种族。在全球公共卫生安全领域，特别是在重大疫情面前，团结合作是最有力的武器。要基于人类命运共同体的理念，秉持公开、透明、负责任的态度，秉持相互支持、守望相助的理念，加强国际防疫合作。开展防控和救治经验分享，就病房标准、炎症处理方案、重大传染性疾病的治疗方案、医护人员的防护等问题进行经验分享，及时介绍各国防控的最新情况，分享相关的防控措施和方法，着力实现科学防治，精准施策。推动联合科研攻关，围绕病毒的基因测序，传播属性，以及多种传播途径等，开展药物疫苗联合研发。完善重大疫情防控体制机制，加强联防联控的国际合作，支持世卫组织发挥应有作用，加强国境卫生检疫合作，健全各国公共卫生应急管理体系，合理配置医疗资源，努力打造卫生健康共同体，携手应对共同威胁和挑战，维护全球公共卫生安全。

五、坚持依法防范化解外部环境领域重大风险

从总体上说，我国在防范化解外部环境领域重大风险方面的法律文件达到200余部。立法形式多样，既有法律、行政法规，也有地方性法规、地方政府规章和部门规章，已初步搭建起防范化解外部环境领域重大风险的法律制度框架。

同时我们也应该看到，防范化解外部环境领域重大风险方面的立法、执法还存在诸多问题，还不能满足维护我国国家利益、切实保护

国家和公民生命财产安全的需要，还存在诸多不适应的地方。在一些重要领域，如生物、电磁、太空、极地、深海、海外军事行动以及维护我国海外利益安全等方面，还存在一些空白的地方。一些法律位阶偏低，约束力不强。在有些领域，还主要靠政策、文件来管理应对。有的法律法规操作性不强，不适应形势发展需要。所有这些，都亟须抓紧修订完善。我国必须进一步完善外部环境领域重大风险防范化解相关立法，加强配套制度建设，优化防范化解程序，构建系统完备、科学规范、运行有效的外部环境领域重大风险防范化解法律体系。

目前，我国涉及防范化解外部环境领域重大风险的立法数量众多，基本已经形成体系。

《中华人民共和国宪法》是我国的根本大法，是治国安邦的总章程，具有最高的法律效力。所有行为主体在防范化解外部环境领域重大风险时，都必须以宪法为根本的活动准则。

2015年7月公布施行的新的《中华人民共和国国家安全法》是一部综合性、全局性、基础性的重要法律，在国家安全法律制度体系中起统领作用，也是防范化解外部环境领域重大风险必须遵循的总章程。1993年公布施行的《中华人民共和国国家安全法》，主要是规定国家安全机关履行职责特别是反间谍工作方面的职责，已经难以适应全面维护各领域国家安全面临的新形势新任务的需要，因此，中央决定制定一部应对国家安全各种威胁和风险，统领国家安全各领域的法律。其主旨是，明确维护国家安全必须以总体国家安全观为指导，科学界定国家安全的内涵与外延，明确维护国家安全的各项任务，建立健全国家安全制度和国家安全保障措施，为构建国家安全体系、走出一条中国特色国家安全道路奠定坚实的法律基础。目的在于解决国家安全资源和力量分散、工作统筹协调不够，国家安全战略规划缺乏、顶层设计不够，情报信息捕捉滞后、综合研判不够，应对机制运转迟缓、快速反应不够等突出问题，进一步明确各部门、各地方维护国家安全的职责，规范国家机关、公民和组织维护国家安全的责任、权利和义务，形成维护国家安全的整体合力。新版《中华人民共和国国家安全法》为防范化解外部环境领域重大风险提供了基本依据，也是进一步完善防范化解外部环境领域重大风险相关制度的基本依据。

除了综合性法律之外，我国还发布实施了一系列涉及防范化解外部领域重大风险的专门立法。

第一，防范化解外部环境领域重大政治风险方面的立法。政治安全是根本。为什么说是根本？因为这是一个生死存亡的问题，是能不能执政的问题，这个根本动摇了，其他安全都无从谈起。2013年6月28日，习近平总书记在全国组织工作会议上指出："我一直在想，如果哪天在我们眼前发生'颜色革命'那样的复杂局面，我们的干部是不是都能毅然决然站出来捍卫党的领导、捍卫社会主义制度？我相信，绝大多数党员、干部是能够做到的。"同年在宣传思想工作会议上，习近平总书记再次强调："我们中国共产党人能不能打仗，新中国的成立已经说明了；我们中国共产党人能不能搞建设、搞发展，改革开放的推进也已经说明了；但是，我们中国共产党人能不能在日益复杂的国际国内环境下坚持党的领导、坚持和发展中国特色社会主义，这个还需要我们一代一代共产党人继续作出回答。"所以，我们不能在根本性问题上出现颠覆性的错误，必须把防范化解外部环境重大政治风险放在特别突出的位置，加强相关法制建设。为此，近年来我国发布了包括《中华人民共和国集会游行示威法》、《中华人民共和国戒严法》、《中华人民共和国反间谍法》、《中华人民共和国国家情报法》、《中华人民共和国保守国家秘密法》及其实施条例、《境外非政府组织境内活动管理法》等多部法律。

第二，维护国家统一和领土完整方面的立法。如《中华人民共和国反分裂国家法》《中华人民共和国领海及毗连区法》《中华人民共和国专属经济区和大陆架法》《中华人民共和国深海海底区域资源勘探开发法》《中华人民共和国航空法》《中华人民共和国出境入境管理法》等。这些法律的制定为我们妥善处理台湾问题、香港问题、澳门问题、南海问题，维护国家海洋权益等提供了法律保障。

第三，防范化解外部环境领域重大军事风险，维护国防和军事安全方面的立法。军事领域是竞争和对抗最为激烈的领域，军事手段是维护国家安全保底的手段，维护国家主权安全，没有军事保障不行。边境管控、海上维权、战略利益拓展、遏制战争威胁、营造有利于我国的战略安全态势、维护全球战略平衡与稳定都需要军事保障，防范化解外部军事风险，维护军事安全，必须有法律利器的保障。近年来，我国修订完善了《中华人民共和国国防法》《中华人民共和国兵役法》《中华人民共和国人民防空法》《中华人民共和国国防动员法》《中华人民共和国军事设施保护法》《中华人民共和国国防交通法》《中华人民共和国香港特别行政区驻军法》《中华人民共和国澳门特别行政区驻军法》等多部法律，为维护军事安全，防范化解外部环境领域重大军事风险提供了法律保障。

第四，防范化解外部环境领域重大经济金融风险，维护国家经济安全方面的立法。如《中华人民共和国反垄断法》《中华人民共和国反洗钱法》《中华人民共和国邮政法》《中华人民共和国农业法》《中华人民共和国对外贸易法》《中华人民共和国证券法》《中华人民共和国企业破产法》《中华人民共和国保险法》《中华人民共和国环境法》《中华人民共和国公司法》《中华人民共和国外商投资法》《中华人民共和国节约能源法》《中华人民共和国核安全法》等。

第五，防范化解外部环境领域各类重大社会风险，维护公民安全和公共安全方面的立法。社会安全涉及面广，外部环境领域最突出的就是恐怖主义、重大公共卫生事件的影响。为此，我国政府制定了一系列法律，如《中华人民共和国反恐怖主义法》《中华人民共和国突发事件应对法》《中华人民共和国食品安全法》《中华人民共和国传染病防治法》等，防范化解外部环境领域带来的社会安全风险。

第六，防范化解网络风险，维护网络、信息安全方面的立法。网络安全和信息化是事关国家安全和国家发展、事关广大人民群众生活的重大战略问题。网络安全和信息化是一体之两翼、驱动之双轮。网络信息是跨国流动的，信息流引领技术流、资金流、人才流，信息资源是重要的生产要素和社会财富，信息掌握的多寡成为国家软实力和竞争力的重要标志。没有网络安全就没有国家安全，没有信息化就没有现代化。不同国家和地区信息鸿沟不断拉大，现有网络空间治理规则难以反映大多数国家意愿和利益；世界范围内侵害个人隐私、侵犯知识产权、网络犯罪等时有发生，网络监听、网络攻击、网络恐怖主义活动成为全球公害；网络安全威胁和风险向政治、经济、文化、社会、生态、国防等领域传导渗透，特别是国家关键信息基础设施面临较大风险隐患，网络安全防控能力薄弱，难以有效应对国家级、有组织的高强度网络攻击。网络安全是全球性挑战，没有哪个国家能够置身事外、独善其身，维护网络安全是国际社会的共同责任。在这种情况下，中国政府加大了网络安全相关立法，发布了《中华人民共和国网络安全法》《中华人民共和国测绘法》等。习近平总书记强调："网络空间，不应成为各国角力的战场，更不能成为违法犯罪的温床。""维护网络安全不应有双重标准，不能一个国家安全而其他国家不安全，一部分国家安全而另一部分国家不安全，更不能以牺牲别国安全谋求自身所谓绝对安全。"[1]强调各国要尊重网络主权，尊重各国自主选择网络发展道路、网络管理模式、互联网公共政策和平等参与国际网络空间治理的权利，不搞网络霸权，不干涉他国内政，不从事、纵容或支持危害他国国家安全的网络活动。国际网络空间治理，应坚持

---

[1] 《习近平谈治国理政》第2卷，外文出版社2017年版，第533页。

多边参与、多方参与，由大家商量着办，发挥政府、国际组织、互联网企业、技术社群、民间机构、公民个人等各个主体作用，不搞单边主义，不搞一方主导或由几方凑在一起说了算。各国应加强沟通交流，完善网络空间对话协商机制，研究制定全球互联网治理规则，推动互联网全球治理体系变革，共同构建和平、安全、开放、合作的网络空间，建立多边、民主、透明的全球互联网治理体系。

完善行政法规，包括《中华人民共和国军事设施保护法实施办法》《军工核安全设施监督管理办法》《中华人民共和国出境入境边防检查条例》《中华人民共和国反间谍法实施细则》等。

另外，完善在防止核扩散，打击分裂主义、极端主义、恐怖主义，应对气候变化等方面的法律。近年来，我国在这些领域缔结和加入了不少国际条约、公约，承担了维护国际发展和安全的责任和义务。据不完全统计，2017年，中国对外缔结的国家间、政府间和政府部门间的双边条约、协定及其他具有条约协定的文件就达300项，多边条约7项。这些双边、多边条约、协定的缔结，为我国解决在贸易、投资、金融、运输、海关等领域的问题，加强我国与其他国家在裁军与军控、打击恐怖主义、打击跨国犯罪、气候与环境、文化与社会等各方面的合作，防范化解外部环境领域重大风险提供了良好的法律保障。

第五章　锻造防范化解外部环境领域重大风险的战略举措

2017年2月17日，习近平总书记在国家安全工作座谈会上强调，"不论国际形势如何变幻，我们要保持战略定力、战略自信、战略耐心，坚持以全球思维谋篇布局，坚持统筹发展和安全，坚持底线思维，坚持原则性和策略性相统一，把维护国家安全的战略主动权牢牢掌握在自己手中。"① 2019年1月21日，习近平总书记在省部级主要领导干部坚持底线思维着力防范化解重大风险专题研讨班开班式上强调，面对波谲云诡的国际形势、复杂敏感的周边环境、艰巨繁重的改革发展稳定任务，我们必须始终保持高度警惕，既要高度警惕"黑天鹅"事件，也要防范"灰犀牛"事件；既要有防范风险的先手，也要有应对和化解风险挑战的高招；既要打好防范和抵御风险的有准备之战，也要打好化险为夷、转危为机的战略主动战。

一、保持战略定力，运筹防范化解外部环境领域重大风险先手

战略定力就是一种在复杂形势下抵制诱惑、排除干扰、把注意力

---

① 《牢固树立认真贯彻总体国家安全观　开创新形势下国家安全工作新局面》，《人民日报》2017年2月18日。

集中在主要目标和首要挑战上的能力。习近平总书记强调，战略定力问题是一个政党、一个国家的根本性的问题。当今时代，信息技术高度发达，社会全面开放，国内国外各种思潮、各种观点甚至各种奇谈怪论多得很，众说纷纭、泥沙俱下，可以说是"乱花渐欲迷人眼"。"在这样的复杂环境中，保持理论上的清醒、增强政治上的定力是很要紧的。"① 在防范化解外部环境领域重大风险时，进行战略抉择、做出重大决策，不仅要有"不到长城非好汉"的进取精神，更要有"不畏浮云遮望眼""乱云飞渡仍从容"的战略定力。

(一)准确判断形势，把握好防范化解外部环境领域重大风险的战略方向

战略的最高境界是因势利导。增强战略定力，第一位的就是要冷静观察，判断好形势，确定好防范化解外部环境领域重大风险的目标。2013年10月7日，习近平在亚太经合组织工商领导人峰会上的演讲就指出："中国是一个大国，决不能在根本性问题上出现颠覆性错误，一旦出现就无法挽回、无法弥补。我们的立场是胆子要大、步子要稳，既要大胆探索、勇于开拓，也要稳妥审慎、三思而后行。"②

防范化解外部环境领域重大风险，必须强化风险意识。"备豫不虞，为国常道"，强化风险意识是防范化解风险的前提。只有强怀风险意识，才能及时发现风险、积极防范风险、有效应对风险，才能既看到我国外部环境总体上是好的，又高度警惕来自外部环境的各种"黑天鹅"事件和"灰犀牛"事件。

防范化解外部环境领域重大风险，要谋定而后动，不断完善防范化解外部环境领域重大风险的战略和政策。我们党历来十分重视谋定

---

① 中共中央宣传部：《习近平总书记系列重要讲话读本》，人民出版社2016年版。
② 习近平：《深化改革开放 共创美好亚太——在亚太经合组织工商领导人峰会上的演讲(2013年10月7日)》，《人民日报》2013年10月8日。

而后动。1990年，国际局势发生剧变，在这个时候，如何看待国际形势，如何确定我们的战略目标，变得特别突出，在错综复杂的外部环境面前，邓小平格外清醒。3月3日，他在与江泽民、杨尚昆、李鹏等同志谈话时就指出，对国际形势还要继续观察。世界上矛盾多得很，大得很，一些深刻的矛盾刚刚暴露出来。我们可利用的矛盾存在着，对我们有利的条件存在着，机遇存在着，问题是要善于把握。综观全局，不管怎么变化，我们要真正扎扎实实地抓好这10年建设，不要耽搁。① 邓小平在错综复杂的外部环境面前，点明了国家前进的方向。2019年1月21日，习近平总书记在省部级主要领导干部坚持底线思维着力防范化解重大风险专题研讨班开班式上强调，领导干部要强化风险意识，常观大势、常思大局，科学预见形势发展走势和隐藏其中的风险挑战，做到未雨绸缪。要有草摇叶响知鹿过、松风一起知虎来、一叶易色而知天下秋的见微知著能力，对潜在的风险有科学预判，知道风险在哪里，表现形式是什么，发展趋势会怎样。他强调，一个国家、一个民族虽然可以"天高任鸟飞，海阔凭鱼跃"，但必须知道自己是谁，从哪里来，要到哪里去，想明了，想对了，就要坚定不移朝着目标前进，坚定地往那里飞，在飞的过程中还要搞清楚有没有风浪，不能漫无目的地乱飞，更不能往漩涡里钻。

要善于透过复杂现象把握本质，抓住要害、找准原因，果断决策。在防范化解外部环境领域各种重大风险过程中，坚持增强忧患意识和保持战略定力相统一、坚持战略判断和战术决断相统一、坚持斗争过程和斗争实效相统一。

（二）算好国家利益的大账

防范化解外部环境领域重大风险，事关国家利益，必须追求国家

---

① 参见中共中央文献研究室：《邓小平年谱（1975—1997）》（下），中央文献出版社2004年版。

利益的最大化，不管是发展经济，还是发展政治关系，或者是发展文化关系，都是为了追求国家利益的最大化。习近平总书记强调，有利没利，利大利小，心里都要有一本账。既要算小账，更要算大账，而且小账要服从大账、局部账服从全局账，不能拍脑袋算糊涂账。不能因小失大，逞一时之快。

要保持头脑清醒，克服短期行为的诱惑。1990年12月24日，邓小平在与江泽民、杨尚昆、李鹏等同志谈话时强调："第三世界有一些国家希望中国当头。但是我们千万不要当头，这是一个根本国策。这个头我们当不起，自己力量也不够。当了绝无好处，许多主动都失掉了。中国永远站在第三世界一边，中国永远不称霸，中国也永远不当头。"[①] 不要因一时一事或某些人、某些国家的言论而受到影响，更不能掉入别人故意设置的各种陷阱中。

置身世界大发展大变革大调整中的中国，在防范化解外部环境风险、维护国家利益时，要不惑于纷乱现象，不畏于艰难险阻，以"乱云飞渡仍从容"的战略定力，"千磨万击还坚劲"的韧劲气度，朝着既定方向中流击楫、劈波斩浪，不断开创中国特色大国外交新局面。

（三）坚持底线思维

底线是不可逾越的警戒线，是事物质变的临界点。做人要有底线，防范化解外部环境领域重大风险也要有底线。习近平总书记多次强调要善于运用"底线思维"的方法，凡事从坏处准备，努力争取最好的结果，这样才能有备无患、遇事不慌，牢牢把握主动权。

我们的底线是什么？就是我们的核心利益。什么是我们的核心利益？第一位的就是基本政治制度，第二位的是领土完整、主权完整。对于领土问题，就是不妥协、不退让、不交易。习近平总书记在庆祝

---

① 《邓小平文选》第3卷，人民出版社1993年版，第363页。

中国人民解放军建军90周年大会讲话中强调"六个任何":"中国人民珍爱和平,我们决不搞侵略扩张,但我们有战胜一切侵略的信心。我们绝不允许任何人、任何组织、任何政党、在任何时候、以任何形式、把任何一块中国领土从中国分裂出去,谁都不要指望我们会吞下损害我国主权、安全、发展利益的苦果。"第三位的是发展利益和安全利益。在气候谈判、贸易谈判、投资谈判领域都面临这些问题。要对政治、意识形态、经济、科技、社会、外部环境、党的建设等领域面临的外部环境风险进行深入的分析研判,做到心中有数,坚守底线,防患于未然。

守住风险底线,就要保持对潜在风险的警惕,主动出手,驯服"灰犀牛",防范"黑天鹅"事件,用大概率思维应对小概率事件,牢牢守住不发生系统性风险的底线。2019年9月3日,习近平总书记在2019年秋季学期中央党校(国家行政学院)中青年干部培训班上强调,共产党人的斗争是有方向、有立场、有原则的,大方向就是坚持中国共产党领导和我国社会主义制度不动摇。凡是危害中国共产党领导和我国社会主义制度的各种风险挑战,危害我国主权、安全、发展利益的各种风险挑战,危害我国核心利益和重大原则的各种风险挑战,危害我国人民根本利益的各种风险挑战,危害我国实现"两个一百年"奋斗目标、实现中华民族伟大复兴的各种风险挑战,只要来了,我们就必须进行坚决斗争,而且必须取得斗争胜利。我们的头脑要特别清醒、立场要特别坚定,牢牢把握正确斗争方向,做到在各种重大斗争考验面前"不畏浮云遮望眼","乱云飞渡仍从容"。

二、保持战略自信,运筹防范化解外部环境领域重大风险高招

战略自信是指一个国家在应对和处理攸关整体、全局、长远和根

本问题上所具备的，建立在强大能力基础上的信心，是一个国家在处理重大危机过程中所表现出的积极稳定健康的心态。

我们谈自信，一般强调"四个自信"，也就是理论自信、道路自信、制度自信和文化自信。在"四个自信"之外，习近平总书记又提到战略自信问题。2017年2月17日，习近平总书记在国家安全工作座谈会上谈到掌握维护国家安全的战略主动权时讲到保持战略自信。2018年6月22日，在中央外事工作会议上的讲话中再次谈到坚持战略自信问题。

中国人应该有战略自信。中国走到今天，体量巨大，中国是世界上的人口大国、工业大国，2018年我国制造业产值相当于美国、日本、德国三国之和，为俄罗斯的13倍，我们是工业体系最完备的国家、核大国、重要国际组织主要发言者、世界2/3国家的第一大贸易伙伴、全球最大的能源进口国、第一大外汇储备国。我国经济增长对全球经济的拉动力相当于英国崛起时的100倍，相当于美国崛起时的20倍，我们的一些省份，可以说是"富可敌国"。2018年，广东的GDP是1.47万亿美元，超过澳大利亚、西班牙的1.42万亿美元，可以排到世界第十二位；而GDP在国内排名最后的西藏，是210亿美元，也相当于柬埔寨一国的GDP，排在世界第100位，等等。

随着中国的崛起，与美国面对面竞争的局面已经是绕不开的课题，我们必须去面对，在没有办法的情况下，就要有像朝鲜战争那样，敢于与美国掰手腕的勇气和决心，要有敢打必胜的战略自信。当然，这种自信并不是凭空而来的，是科学判断我国在格局演变中的利与不利、机遇与挑战中得来的，是在中美博弈比较中得来的。中国在防范化解外部环境领域重大风险时一定要有底气、有骨气，还要大气。

（一）坚持不惹事但也不怕事

习近平总书记引用苏轼的诗句强调："为国不可以生事，亦不可以畏事。"中国发展绝不以牺牲别国利益为代价，绝不做损人利己、以邻为壑的事，中国即使发展了也永远不称霸，永远不搞扩张。"两个绝不"是中华人民共和国对世界的庄严承诺。同时，习近平总书记强调："任何外国都不要指望我们会拿自己的核心利益做交易，不要指望我们会吞下损害我国主权、安全、发展利益的苦果。"① 两个"绝不"的后面是"两个不要指望"，鲜明地表明了中国不惹事但也不怕事。既不能只是强调"两个绝不"，而忽视了"两个不要指望"，也不能只是强调"两个不要指望"，而忽视"两个绝不"，两者是相辅相成的。

在香港问题、台湾问题、涉藏问题、涉疆问题、钓鱼岛问题、南海问题等涉及主权领土完整的问题上，面对外部势力干涉，在严峻形势和斗争任务面前，我们敢于碰硬，敢于出击，敢于亮剑，敢战能胜，坚决维护我们的核心利益。

习近平总书记强调，防范化解外部环境领域重大风险，需要有充沛顽强的斗争精神。领导干部要敢于担当、敢于斗争，保持斗争精神、增强斗争本领，年轻干部要到重大斗争中去真刀真枪干。各级领导班子和领导干部要加强斗争历练，增强斗争本领，永葆斗争精神，以"踏平坎坷成大道，斗罢艰险又出发"的顽强意志，应对好每一场重大风险挑战，切实把改革发展稳定各项工作做实做好。

（二）坚持取长补短、扬长避短，主动布局、主动塑造

回顾世界历史，就会发现，大国在崛起过程中，都会面临诸多重大风险。习近平总书记对此有非常清醒的认识。

2019年，习近平到中央党校（国家行政学院）做了两次重要讲话。一次是1月21日在省部级主要领导干部坚持底线思维着力防范化解重大风险专题研讨班开班式上的讲话，另一次是9月3日在2019年

---

① 习近平：《在庆祝中国共产党成立95周年大会上的讲话》，人民出版社2016年版，第21页。

秋季学期中央党校（国家行政学院）中青年干部培训班上的讲话。两次讲话贯穿了一个主题，就是要防范化解重大风险，发扬斗争精神，增强斗争本领。在两次讲话中，习近平总书记对我国发展面临的挑战和风险，做出两个重要判断。第一个判断是，中华民族伟大复兴，在前进道路上我们面临的风险考验只会越来越复杂，甚至会遇到难以想象的惊涛骇浪。我们面临的各种斗争不是短期的而是长期的，至少要伴随我们实现第二个百年奋斗目标全过程。第二个判断是，当前和今后一个时期，我国发展进入各种风险挑战不断积累甚至集中显露的时期，面临的重大斗争不会少，经济、政治、文化、社会、生态文明建设、国防和军队建设、港澳台工作、外交工作、党的建设等方面都有，而且越来越复杂。

防范化解外部环境领域重大风险，必须找准自己的优势和劣势，取长补短、扬长避短，主动布局、主动塑造，这样才能化被动为主动，才能在风险挑战面前立于不败之地。我们身处世界百年未有之大变局，世界政治经济格局将如何演变？驱动世界发展的动力将发生哪些新的变化？世界地缘政治、地缘经济将发生哪些战略性调整？我们的优势在哪里？短板是什么？我国的政治、经济、军事、社会等诸领域安全的战略重点、战略支点应该是什么？战略资源应该如何适应世界未有之大变局进行前瞻性战略布局？……这些都是我们需要思考的问题。

在防范化解外部环境领域重大风险时要在满足国内期待与满足国外期待之间找到平衡。在满足中华民族伟大复兴这一国内期待的同时，还要满足国际社会希望我们更多地履行义务、承担责任的国外期待。

要努力平衡中国在国际体系中的权利与义务。中国在世界银行、国际货币基金组织、联合国、世界贸易组织、二十国集团等国际组织中的影响力在扩大，在国际体系中的权利也在不断扩大，同时，我们在国际社会承担的义务也越来越多、越来越重。比如，在联合国，中国承担了更多的义务和责任，包括维和、免除最不发达国家债务、增加联合国会费等。在气候谈判问题上，中国承诺到2030年二氧化碳排放总量达到峰值，且将努力早日达峰，并同意将化石燃料在整体能源使用中的比例降至80%左右。当然，中国在更多承担国际义务的同时，必须考虑中国国情，不能超越国情承担过量的国际义务与责任。2015年10月12日，习近平总书记在十八届中央政治局第二十七次集体学习时强调：要坚持从我国国情出发，坚持发展中国家定位，把维护我国利益同维护广大发展中国家共同利益结合起来，坚持权利和义务相平衡，不仅要看到我国发展对世界的要求，也要看到国际社会对我国的期待。

要努力在韬光养晦与有所作为之间找到平衡。重大发展机遇期，常常也是特殊脆弱期、矛盾集中涌现期，因此，我们需要韬光养晦，就是不当头，不称霸，不谋求势力范围，不搞集团政治，不干涉别国内政。坚持以经济建设为中心，做好自己的事。同时，我们在防范化解外部环境领域重大风险、维护国家安全方面也要探索新的路径，要通过共商共建共享，通过发展战略对接，通过国际分工合作，通过拓展中国的理念、倡议、方案，防范化解外部环境领域重大风险。在这方面，应该说"一带一路"倡议为我们提供了很好的范本。"一带一路"倡议的伟大之处就在于，它统筹了国内国际两个大局，实现了"两个转化"的有机衔接，很好地平衡了中国的国际利益拓展与重大国际责任之间的关系，为人类命运共同体、利益共同体、责任共同体"三体"思想的落地生根提供了重要平台，为世界和平发展提供了先进的理念，也为中国防范化解外部环境领域重大风险找到了突破的崭新路径。"一带一路"倡议找到了一种令国际社会和多数国家愿意接纳并追随的风范，找到了一种可以带动整个人类进步和时代向上演化的力量，规避了恶性竞争和野蛮角力。

要针对不同类型国家分类施策，根据与相关国家关联度、国家特性采取不同的策略。对西方发达国家，由于制度、意识形态方面的差异，我们主要应打经济牌。对周边国家既要打经济牌，更要打感情牌，强调"亲、诚、惠、容"，坚持与邻为善、以邻为伴，坚持睦邻、安邻、富邻，核心是要增强亲和力、感召力、影响力。对发展中国家，如非洲国家，要强调"真、实、亲、诚"。

（三）找准关键节点，丰富工具箱

外部环境领域重大风险传导的方式不同，风险演变也会不同，因此，找到风险之间的关联性，隔离不同风险，避免多头"黑天鹅""灰犀牛"事件同时发生，才能防范系统性风险的发生。应该对存在的"灰犀牛"事件风险隐患按照轻重缓急和影响程度排序，优先解决最迫切的"灰犀牛"事件，努力将危机、风险降低到最低。

外部环境领域重大风险确定以后，要采取不同的策略，主要有三方面的策略：一是避免风险。避免风险是防范化解外部环境领域重大风险的最高目标。回避是预防和控制风险的一种有效方式，它简单易行，对风险的预防和控制最具彻底性，而且具有一定的经济性。回避风险的方式通常有先期回避和中途回避两种。先期回避指在风险未发生之前就主动采取回避措施，这是最常见的风险回避方式，也是最彻底的回避方式。中途回避的方式，一般是在全面回避无效的情况下，放弃部分而拯救全局。比如，我们可以选择参与相关项目，也可以选择退出相关项目。尽管回避风险有简单、彻底、有效等优点，但它也有一定的局限性，突出表现在：回避一种风险可能引发另一种风险，或使另一种风险加大；如果回避不当，也容易引发混乱。因此，在制定回避方案时，必须充分考虑各种因素，评估利弊得失，制订非常详细的回避计划，努力将风险降低到最低限度。二是转移风险。转移风险是在风险无法回避或者在回避风险不经济的情况下，将风险转移给其他组织或者个人。海外风险的转移主要有控制性转移和财务性转移两种方式。控制性转移是将风险和潜在损失转给另一方,主要有出售、分包和免除责任协议等方式。财务性转移只是将损失的后果转给另一方。比如可以通过保险公司把潜在的风险规避掉。三是降低风险。对那些无法回避、转移,或者转移不经济的风险,就要接受风险,采取有力措施,减少风险发生的概率,在风险来临时努力降低风险。为此,要努力消除或减少风险源,要努力改变或者改善外部环境,要避免发生连锁反应,尽可能减少风险关联性,从而将风险降到最低。

在防范化解外部环境领域重大风险时,根据不同风险传导方式采取不同的防范化解之道,会产生不同的结果。一是由于客观条件变化或者应对有方,可能导致风险中断。二是努力达成风险释放。当风险流量、风险梯度压力同时到达某节点,使风险达到临界值,该节点将无法阻止和化解风险,风险就可能进一步传导,使风险不断扩散和蔓延,因此,防范化解外部环境风险,必须努力防止风险临界点的出现,要在风险聚集过程中不断释放风险,避免进入风险临界点,导致风险不断扩散。三是努力达成风险转移。主要有两个路径,一个是通过契约或合同将损失转移给非保险业的其他法人主体,以达到降低风险发生频率和缩小损失的目的;另一个是保险转移。

三、保持战略耐力,提升防范化解外部环境领域重大风险能力

在全球化、信息化、多极化的大背景下,外部环境风险表现出诱发风险的因素不断增多、风险种类越来越多、突发风险更加频繁、风险传播扩散的速度加快、波及范围越来越广、危害性越来越大等特点。防范化解外部环境领域重大风险的长久之策,就是要保持战略耐力,不断强化国家防范化解外部环境领域重大风险的能力建设,包括完善法律框架、制度设计、决策过程,在关键领域、关键环节、关键技术、

关键人才等方面补齐短板，解决"卡脖子""肠梗阻"等问题，提升能力，增强韧劲，保持弹性，扩大回旋余地。

（一）做好外部环境领域重大风险的识别和监控

风险识别和监控是防范化解外部环境领域重大风险的基础。防范化解外部环境领域重大风险，首先要解决的就是风险的识别和评估，要辨别可能发生的风险有哪些，发生的可能性有多大，风险有多大，为防范化解风险提供依据。

风险识别和监控可以最大限度地减少损失。我们在进行风险识别时，应重点把握以下几个问题：外部环境风险形成的环境条件，可能出现的风险种类，可能涉及的利害人，风险可能造成的灾难性后果和程度等。要深入分析我国外部环境领域重大风险发生的特点、运行规律，紧密跟踪我国面临的各种国际冲突和矛盾，把握它们的变化规律和发展方向，准确地识别外部环境风险，并对外部环境风险的性质、可能带来的损失程度等做出及时的估计，明晰内外重大风险源，梳理出哪些风险可能演化成为"黑天鹅"事件，哪些风险可能演化成为"灰犀牛"事件，使政府和公众在第一时间做好物资和心理准备，并采取各种措施避免突发风险的发生，或者降低突发风险发生的破坏程度，增强针对性，减少盲目性。对我国来说，不同领域、不同国家，风险的类别、强度是不一样的。比如，从领域上来说，在我国，资源安全、能源安全、粮食安全等问题就比较突出，依存度比较高。从地区上来说，对于投资方，亚非拉这些国家准入门槛低，但是其政局不稳，政治风险大。欧美国家准入门槛高，但政策的确定性相对较高，政局波动相对较小。

风险的识别和监控，有助于从小的冲突中发现大的危机，使小冲突成为大风险的"安全阀"。任何大的危机、大的风险、大的冲突都是由细小的矛盾和冲突逐步累积而成的，因此，如果能够使突发事件风险的识别和监控系统有效地运转，善于及时发现一些苗头性和带有倾向性的问题，并对这些苗头和倾向进行深入分析，见微知著，及时发现并把握风险发展的程度，明确其发展的方向，就能促使政府采取有针对性的措施，防微杜渐，分配资源，推动改革，就能够避免小的冲突和矛盾发展成为大的冲突和矛盾，使小矛盾、小风险、小冲突成为大矛盾、大风险、大冲突的"安全阀"。

要加强前瞻性研究，提高风险感知灵敏度，提升风险监测预警能力。加强跨部门、跨地域、跨层级的互联互通和监管信息共享，做好风险识别、风险分析、风险评估。包括预测潜在风险点有哪些，对国家、对企业、对社会可能造成什么样的后果，并对风险的后果进行评级，同时还要对发生的概率高低进行评级，进而确定风险的程度。开展外部环境风险监测预警感知网络建设，针对外部环境各领域特点建设全新的风险监测预警系统，对涉及外部环境的各类数据资源进行自动汇聚、识别、关联、融合，开展大数据分析和应用，找准风险监测的重点，加强对重点行业领域的安全风险排查，提高实时监测、动态分析、提升风险链综合监测，努力做到风险早识别、早预警、早预防，打造外部环境风险监测的"千里眼"和"顺风耳"。

要坚持关口前移，加强日常防范，加强源头治理、前端处理，建立健全外部环境风险分析制度，及时清除外部环境风险隐患。安而不忘危、治而不忘乱，增强忧患意识和责任意识，始终保持高度警觉，任何时候都不能麻痹大意。对易发重特大风险的行业领域采取风险分级管控、隐患排查治理双重预防性工作机制，掌握风险隐患底数，推动外部环境风险管控关口前移，最大限度减少人员和财产损失。

外部环境领域重大风险各种各样，引发的原因也各不相同。但是，其发生发展仍然是有迹可寻，有着共同的生成规律和发展轨迹，有规律可循。因此，我们必须掌握识别和监控外部环境领域重大风险的基本原理，准确地把握外部环境领域重大风险发生的规律和发展的轨迹。

外部环境领域重大风险的识别是一个有机的过程，它包括识别、调查、收集和整理资料，分析处理相关资料，确定评估结果等阶段。我们进行外部环境风险评估时，必须有科学的方法和先进的技术。总体而言，可以采取定性分析、定量分析、定性分析和定量分析相结合的方法。可以通过对评估对象一定时期内的发展演变历程进行深入观察和分析，掌握该类风险变化的外部特征、长期性趋势、周期性变化规律等；也可以通过对影响评估对象的各种变量进行分析，找出各个变量之间的活动关系，从而为评估的风险提供参数；也可以采取长期的定性分析与中短期的定量分析相结合的办法，既把握趋势，又能比较准确地确定风险的大小程度。从世界各国的研究情况看，识别和监控风险的基本原理主要有以下几种。

第一，相关性原理。任何外部环境领域重大风险的发生，都不是孤立的，总是会有一些蛛丝马迹，会有一些前兆，会与相关国家经济社会生活中发生的一些异常现象相关，前兆变量和风险的程度、破坏力成正相关关系。因此，进行外部环境风险的识别和评估，进行突发事件前兆与突发事件发生、蔓延之间的相关性分析和研究，在设定与各类外部环境风险相关的若干个前兆变量的基础上，通过考察、评估这些前兆变量，预测外部环境风险发生的概率，评估外部环境风险的性质，以及其可能造成的后果。比如，我们在分析一个跨国性大型企业会不会发生突发性风险时，就需要考虑这个企业的内外部环境两个变量。就外部环境而言，需要考虑国际形势、国家政策、区域动态等与企业相关的方面。

第二，相似性原理。在外部环境领域重大风险的生成、发展过程中，同一性质的风险，尽管在发生的时间、地点和规模上会有区别，但是，其发生的规律、性质是极为相似甚至一致的。因此，我们通过对历史上和现实中各类风险发生规律的认识，可以捕捉到未来可能出现风险的征兆及发展的趋势，采取有针对性的措施来预防、控制或者制止风险。

第三,统计原理。尽管具体的风险在什么时候发生,常常带有强烈的随机性和不确定性。但是,如果从一个较长的历史时期来观察,不同类型的外部环境领域重大风险还是有一定规律的,可以通过概率论和数理统计的理论和方法,找出规律,从而为识别、监控以及防范化解外部环境领域重大风险提供依据。

第四,跟踪研究。外部环境领域重大风险的发生虽然有一定规律可循,便于进行长期的、宏观性的预测。但是,每一项具体的风险,它的发生更多地还是表现为不确定性。因此,在开展长期的、宏观的预测研究的同时,还必须高度重视中、短期的跟踪研究,即不断追踪当前国际经济社会中所出现的各种矛盾,获取可能导致冲突风险的各种信息、资料,密切关注事态的发展。

(二)提升防范化解外部环境领域重大风险的能力

防范化解外部环境领域重大风险的能力,不是与生俱来的,需要多方面积淀才能逐步积累起来。习近平总书记强调,领导干部要做敢于斗争、善于斗争的战士。领导干部要经受严格的思想淬炼、政治历练、实践锻炼,在复杂严峻的斗争中经风雨、见世面、壮筋骨,真正锻造成为烈火真金。要加强理论修养,深入学习马克思主义基本理论,学懂弄通做实新时代中国特色社会主义思想,掌握贯穿其中的辩证唯物主义的世界观和方法论,提高战略思维、历史思维、辩证思维、创新思维、法治思维、底线思维能力,夯实敢于斗争、善于斗争的思想根基,理论上清醒,政治上才能坚定,斗争起来才有底气、才有力量。要坚持在重大斗争中磨砺,越是困难大、矛盾多的地方,越是形势严峻、情况复杂的时候,越能练胆魄、磨意志、长才干。领导干部要主动投身到各种斗争中去,在大是大非面前敢于亮剑,在矛盾冲突面前敢于迎难而上,在危机困难面前敢于挺身而出,在歪风邪气面前敢于坚决斗争。要勇于担当、攻坚克难，既当指挥员，又当战斗员，培养和保持顽强的斗争精神、坚韧的斗争意志、高超的斗争本领。

1. 提高防范化解外部环境领域重大风险的决策能力

防范化解外部环境领域重大风险，最重要的是要有决策力。对外部环境领域重大风险的防范化解必须强化事前决策观念，在情报收集、信息分享、资源利用以及权力行使等方面早做准备；必须树立效率优先理念，在有限的时间内迅速做出决策，提高决策的敏感性，增强决策的预见性、防范性；必须树立信息共享理念，利用各种时效性强、互动性强、容量大的信息技术，开展信息分享；必须树立双赢多赢共赢的理念，风险的防范化解只有在双赢多赢共赢的预期目标下，才能赢得各方的支持，获得防范化解风险的最大合力；必须不断创新决策方式方法，提供决策的科学性。

在防范化解外部环境领域重大风险的决策时，要善于抓主要矛盾、抓矛盾的主要方面，坚持有理有利有节，合理选择斗争方式、把握斗争火候，在原则问题上寸步不让，在策略问题上灵活机动。要根据形势需要，科学排兵布阵，把握时、度、效，及时调整斗争策略，有效予以处理。要善于引导群众、组织群众，善于整合各方力量，团结一切可以团结的力量，调动一切积极因素，在斗争中争取团结，在斗争中谋求合作，在斗争中争取共赢。

完善防范化解外部环境领域重大风险决策流程，主要要做好事前决策和事中决策。事前决策要力求多方参与，在时间允许、信息充分的情况下，通过集体决策、评估做出最优的决策。决策流程主要包括八个步骤：确认决策面临的问题、确认决策标准和事实、寻找各种备选方案、分析评估各种备选方案、寻找一个备选方案、执行备选方案、评估决策程序以及决策结果的影响。事中决策往往存在时间紧迫、信息不完全或者不确定，后果无法准确估量，应对准备不足等诸多困境，在此情况下，要尽可能从各种日常运作时所发生的众多风险案例中寻求普遍的规律和原则，最大限度地减少风险应对中的随意性、非程序化和例外原则的滥用，合理确定风险决策的目标，合理布局决策机构，科学分析决策环境，明确决策策略。

完善防范化解外部环境领域重大风险决策的方法。外部环境领域重大风险的防范化解应该分为两类：一类是外部环境领域重大风险的防范。作为决策者应该把决策的重点放在发现问题、提出问题，供研究者去研究，并提出防范的具体措施。重点是找到风险源在哪里，发展的趋势怎么样，如何去防范风险。另一类是外部环境领域重大风险的化解。作为决策者应该把决策的重点放在解决问题上，权衡化解措施的利弊得失，明确具体的风险点是什么，风险有多大，风险蔓延的路径可能是什么，遏制化解风险的阀门是什么等问题。

提高外部环境领域重大风险研判准确度，提升辅助指挥决策能力。建设外部环境领域重大风险决策指挥"一张图"，横向连通安全、外交、军事、应急等相关部门信息渠道，实现信息共享共用；纵向打通国家、省、市、县各级应急管理机构的信息传递链条。引接卫星通信网、无线通信网，构建"全域覆盖、全面融合、全程贯通"的外部环境领域重大风险应急指挥系统。

2. 提高防范化解外部环境领域重大风险的处置能力

风险的处置尽管由于种类不同，危害不一，但是在处理外部环境风险时应当遵循一些基本的原则。

时间性原则。风险一旦发生，时间因素极为关键。风险来临往往具有偶然性、震撼性、不确定性，来势凶猛，破坏性极强。如何在第一时间采取一系列紧急措施，争取在最短的时间内及时控制事态发展至关重要，绝不能优柔寡断、贻误战机。1979年，美国与伊朗人质危机就是因为当时的美国卡特政府拖延时间过长，处理不当，导致事态恶化。这也成为卡特竞选连任失败的重要原因之一。

效率性原则。要强调化解风险的效果，如何集中力量，用最小的代价、最少的资源化解风险,参与决策的人员要少而精。要建立精干强壮、手段先进、专业性强的对外应对风险的人才队伍。

协调性原则。外部环境领域重大风险的应对涉及的人员和力量来自各个方面,包括交通、通信、消防、搜索、卫生救援、物质支持、外事、军事等诸多方面,有些风险除了涉及国内的协同之外,还有国际的协同,如何做到高效协同十分重要。

以人为本原则。要把挽救生命和保障人们的基本生存条件,作为化解外部环境领域重大风险的首要任务,最大限度保护、挽救最大多数人的生命安全,在必要的时候要敢于付出较大的物质损失或者物质成本。

科学性原则。要善于运用专家和"外脑"理论,善于运用先进的科学技术,善于运用风险管理的一般规律和特殊规律,善于针对不同情势,因时因事决策,绝不能盲目蛮干。1986年,苏联在处理切尔诺贝利核电站事件时过于草率就留下了惨痛教训。

除了上面一些原则外,还有程序性原则、合法性原则、适度性原则等,所有这些,都是我们在处置外部环境领域重大风险时必须遵循的。

风险发生后,要迅速启动危机应急计划,组建风险处理小组,进行风险的响应、处理、恢复和跟踪工作。根据风险大小,合理确定应急队伍及其装备;根据风险的特点,合理确定应急处置的范围。

第一,防止风险扩大,及时控制局面。作为领导者,必须冷静沉着,面对客观现实,不能感情用事,也不能有任何侥幸心理,必须掌握处理风险的方法和艺术。风险发生后,要快速了解情况,分析形势,迅速行动。

第二,要找准症结,标本兼治。控制事态使其不再扩大,但并没有真正使风险得到化解。要抓住控制住风险的有利时机,抓住风险的本质,找准化解风险的症结所在,抓住关键部位、主要矛盾,找准突破口，以点带面，达到最佳效果。创新多方联动处置机制。不同类型、不同规模的外部环境风险程度不同、特点有异。协调联动和处置机制必须第一时间启动，迅速有效执行，有序精准推进。

第三，建立救援实战"一平台"，利用"互联网＋"、大数据、智能辅助决策等新技术，根据风险类型、规模、发生时间、地理位置及时自动生成人员装备抽组方案、机动行进方案及风险处置方案，实现异地同步快速决策、抢险现场实时可视感知。根据实时风险监控数据，保障路路通畅，实现备战救助人员、储备物资及各类资源的及时派发和调配。

第四，完善风险防控机制。建立健全风险研判机制、决策风险评估机制、风险防控协同机制、风险防控责任机制，提高风险化解的战略思维、历史思维、辩证思维、创新思维、法治思维、底线思维能力。加强风险预案管理，健全风险管理预案体系，建立健全从常态管理到非常态指挥应对的快速转化机制，落实各环节责任和措施。要适应科技信息化发展大势，以信息化推进风险管理现代化，提高监测预警能力、监管执法能力、辅助指挥决策能力、救援实战能力和社会动员能力。

第五，健全风险防范化解机制。坚持从源头上防范化解外部环境领域重大风险，真正把问题解决在萌芽之时、风险爆发之前。统筹国内国际两个大局、发展安全两件大事，既聚焦重点，又统揽全局，有效防范各类风险连锁联动。研究借助情景构建等方法，建立和完善国家外部环境领域重大风险管理预案体系，提高应对外部环境领域重大风险快速反应能力。

第六，加强应急救援队伍建设。建设一支专常兼备、反应灵敏、政治过硬、本领高强、作风优良、纪律严明的救援力量，确保在外部环境领域各类风险来临时能够拉得出、冲得上、打得赢，切实维护人民群众生命财产安全和国家安全稳定。采取多种措施加强国家综合性救援力量建设，采取与地方专业队伍、志愿者队伍相结合和建立共训共练、救援合作机制等方式，发挥好各方面力量作用。要强化应急救援队伍战斗力建设，抓紧补短板、强弱项，提高各类风险救援能力。要坚持少而精的原则，打造尖刀和拳头力量，按照就近调配、快速行动、有序救援的原则建设区域应急救援中心。要加强航空应急救援能力建设，完善应急救援空域保障机制。发挥高铁优势，构建力量强大、快速的输送系统。

3. 提高防范化解外部环境领域重大风险的舆论引导能力

外部环境领域重大风险的发生，常常会牵动社会各界公众的"神经"，成为社会舆论关注的焦点，也是新闻传播的最佳素材和报道线索，因此，在风险化解过程中，如何与社会公众、媒体建立良好的关系，对妥善防范化解外部环境领域重大风险、抚慰社会情绪至关重要。

健全外部环境领域重大风险舆情监测研判、预警、发布机制。外部环境领域重大风险发生后，信息量激增，舆情热度高，而且政治敏感性强，容易引发国内外舆情，及时准确掌握动态信息和重大风险舆情是舆论引导的前提。各级政府和相关部门要建立健全有效且持续的机制，跟进舆情监测、风险评估和分析研判，制订应急预案，建立预警、发布制度，保障信息及时、公开、透明、权威，以破除谣言、提供真相、答疑解惑、疏解情绪、稳定人心。

强化媒体舆论监督机制。舆论监督事关政府系统信任、公众风险感知、舆论场差异弥合、媒体公信力，以及政府、媒体和公众三者间的沟通互动效果，是机制建设中的重要方面。错综复杂的舆论生态呼唤新闻媒体高质量、有价值的质疑监督和权威的发声建言。媒体要坚持正确导向，主动监督、公正监督、科学监督、依法监督，在发现问题中发挥好舆论"安全阀"的作用。

在风险发生初期，要及时与相关部门、受损失者家属、服务对象及其他外界公众等沟通有关信息，加强心理疏导，稳定人心，取得理解和谅解、支持与合作。在风险处理过程中，要秉持公开透明、实事求是的原则，建立快捷、畅通、权威、有效的信息传播通道，与新闻媒体保持密切互动，合理引导舆论，避免恶意炒作。

在风险化解的舆论引导中，要不断创新理念、内容、体裁、形式、方法、手段、体制、机制，增强针对性和实效性。要适应分众化、差异化传播趋势，充分发挥新媒体的优势。要注重抓住时机、把握节奏、讲究策略，从时效度着力，体现时效度要求。

在信息化时代，网络成为争夺舆论引导高地的主战场。要适应舆论参与主体多元、信息传播形态多样、舆情多点引爆等特点，不断创新舆论快速反应和多方联动处置机制，建立完善网络综合治理体系和机制，明确责任主体，清晰处置流程，压实信息发布主体责任，及时应对处置出现的问题和引发的舆情，并尽快推动问题解决，构建良好的互联网生态，走好网上群众路线，构建网上网下同心圆，将网络打造成外部环境领域重大风险舆论引导的主力军。

附 录

案例一：保持战略定力，积极应对中美贸易摩擦

中国是世界上最大的发展中国家，美国是世界上最大的发达国家。中美经贸关系是两国关系的"压舱石"和"推进器"，事关两国人民根本利益，事关世界繁荣与稳定。中美两国建交以来，双边经贸关系持续发展，合作领域不断拓宽，合作水平不断提高，形成了高度互补、利益交融的互利共赢关系，不仅两国受益，而且惠及全球。

长期以来，由于发展阶段、经济制度不同，中美经贸关系也曾多次出现波折、面临困难局面。但是，两国政府本着平等、理性、相向而行的原则，先后建立了中美商贸联委会、战略经济对话、战略与经济对话、全面经济对话等沟通协调机制，使中美经贸关系在近40年时间里不断克服各种障碍向前发展。但是，2017年新一届美国政府上任以来，在"美国优先"的口号下，美国无视中美经济结构、发展阶段特点和国际产业分工现实，坚持认为中国采取不公平、不对等的贸易政策，导致美国出现对华贸易逆差，在双边经贸交往中"吃了亏"，试图采取极限施压方法将自身利益诉求强加于中国。

一、美国政府的经济霸凌主义

美国政府抛弃相互尊重、平等协商等国际交往基本准则，实行单

边主义、保护主义和经济霸权主义，不断利用加征关税、限制投资、"实体企业清单"等手段对我国进行经济恫吓。

（一）根据美国国内法单方面挑起贸易摩擦

美国现任政府以产业损害和保护知识产权为由，绕开世界贸易组织争端解决机制，单纯根据美国国内法挑起国际贸易摩擦。

对中国产品开展"232调查"。美国政府滥用"国家安全"概念推行贸易保护措施。2017年4月，美国政府依据本国《1962年贸易扩展法》第232条，以所谓"国家安全"为由对包括中国在内的全球主要经济体的钢铁和铝产品发起"232调查"，并依据单方面调查结果，于2018年3月宣布对进口钢铁和铝分别加征25%和10%的关税。2018年7月，美国政府又以所谓"国家安全"为由，对进口汽车及零配件发起新的"232调查"。

对中国洗衣机和光伏产品开展"201调查"。"201调查"依据的是美国国内法《1974年贸易法》第201条。该条款规定，当某种商品进口数量激增，给美国产业造成严重损害或严重损害威胁时，美国总统可以通过关税、配额等措施来限制进口，保护本国产业。这一贸易救济工具具有极强的单边主义色彩。2017年5月，美国依据该法，对进口中国洗衣机和光伏产品发起"201调查"，并在2018年1月决定对洗衣机产品征收为期3年、税率最高达50%的关税，对光伏产品征收为期4年、税率最高达30%的关税。这是2001年世界贸易组织成立后美国首次发起"201调查"。2018年8月14日，中国将美国光伏产品"201调查"诉诸世界贸易组织争端解决机制。

对中国开展"301调查"。"301调查"是基于美国国内法相关条款开展的贸易调查，主要内容是衡量并要求其他国家接受美国的知识产权标准和市场准入要求，否则就采取报复性的贸易制裁手段，这一做法早在20世纪90年代就被称为"激进的单边主义"。2017年8月，美国在未经世界贸易组织授权的情况下依据其本国《1974年贸易法》，对中国发起"301调查"，并在2018年7月和8月分两批对从中国进口的500亿美元商品加征25%关税，此后还不断升级关税措施，2018年9月24日起，又对2000亿中国输美产品征收10%的关税。

（二）肆意打压中国实施的产业政策

产业政策是一种弥补市场失灵、改善社会福利的有效工具。尽管美国很少承认实行产业政策，但事实上美国政府实施了各种各样的产业政策。进入21世纪后，特别是国际金融危机爆发后的近10年来，美国出台了一系列产业政策，其中包括《重振美国制造业框架》（2009）、《美国制造业促进法案》（2010）、《先进制造业伙伴计划》（2011）、《美国制造业复兴——促进增长的4大目标》（2011）、《先进制造业国家战略计划》（2012）、《美国创新战略》（2011）、《美国制造业创新网络：初步设计》（2013）等，此外，还针对重点领域研究制定了《电网现代化计划》（2011）、《美国清洁能源制造计划》（2013）、《从互联网到机器人——美国机器人路线图》（2013）、《金属增材制造（3D打印）技术标准路线图》（2013）、《美国人工智能研究与发展战略计划》（2016）、《美国机器智能国家战略》（2018）等。这些产业政策涵盖了从推进技术创新到政府采购、对特定部门和企业补贴，以及关税保护、贸易协定等各个方面，对于增强美国产业竞争力、强化美国制造业在全球的领导者地位发挥了重要作用。

美国在制定推行产业政策的同时，却对中国正常的产业政策横加责难。联合国贸易和发展会议发布的《世界投资报告2018》指出，为应对新工业革命的机遇与挑战，在过去10年中，发达国家和发展中国家至少有101个经济体（占全球GDP的90%以上）出台了正式的产业发展战略。《中国制造2025》也是在这样的背景下，借鉴了美国等国做法，结合中国实际制定出台的。《中国制造2025》是一个引导性、愿景性的文件,也是一个坚持市场主导、开放包容的发展规划,对内资外资具有普遍适用性。2017年发布的《国务院关于扩大对外开放积极利用外资若干措施的通知》明确提出,外商投资企业和内资企业同等适用于《中国制造2025》政策。《中国制造2025》实施以来,包括美国企业在内的许多外国企业均已参与到相关的建设项目中。

(三)以国内法"长臂管辖"制裁中国

近年来,美国政府不断依托其国内法规管辖境外实体,动辄要求其他国家的实体或个人必须服从美国国内法,否则随时可能遭到美国的民事、刑事、贸易等制裁,并且不断扩充"长臂管辖"的范围,将"长臂管辖"的范围涵盖到民事侵权、金融投资、反垄断、出口管制、网络安全等众多领域。

以出口管制为例,美国依据《出口管理法》《出口管制条例》《国际紧急经济权力法》,不仅要求美国出口商或用户出口时必须申请许可证,而且要求国外购买方不得违反商品最终用途、最终用户等限制性规定,否则将受到处罚,包括被列入"实体清单",严格限制或禁止从美国进口。统计显示,截至2018年8月1日,全球范围内被列入美国商务部"实体清单"的主体数量达1013家。这种行为不仅损害了包括美国公司在内的相关企业利益,还损害了广大发展中国家的发展权利。

目前,美国还在抓紧审查修订现行出口管制法规,不断强化"长臂管辖"行为。2018年8月13日,美国总统签署《2019财年国防授权法案》,将《出口管制改革法案》作为其重要内容,提高对外国控股公司的限制条件,增加对"新兴和基础技术"的出口控制,并且建立跨部门协商机制以提高执法能力。美国商务部产业和安全局还以"违反美国国家安全或外交政策利益"为由,将44个中国机构新列入出口管制名单,可见,美国政府的"长臂管辖"不断强化和升级。

(四)滥用"国家安全审查"阻碍中国企业在美正常投资活动

美国是全球范围内最早对外国投资实施安全审查的国家。1975年,美国专门成立外国投资委员会,负责监测外国投资对美国的影响。1988年,美国通过《埃克森－弗洛里奥修正案》,授权美国总统及其指派者对外资并购进行审查。此后,美国不断扩大监管队伍和审查范围。作为《2019财年国防授权法案》组成部分的《外国投资风险审查现代化法案》赋予外国投资委员会更大审查权,包括扩大受管辖交易范围、扩充人员编制、引入"特别关注国"概念、增加考虑审查因素等,投资审查收紧趋势明显。

中国企业是美国滥用国家安全审查的主要受害者之一。美国外国投资委员会成立以来,美国总统根据该委员会建议否决的4起投资交易均系针对中国企业或其关联企业。2013—2015年,该委员会共审查39个经济体的387起交易,其中74起与中国企业有关,占19%,位居被审查数量国别榜首,对华投资审查范围也从半导体、金融行业扩大至猪饲养等食品加工业。特别是由于其审查程序不透明、自由裁量权过大、否决原因披露不详等因素,以"危害国家安全"为由阻碍正常交易的情况更为严重。

(五)恶意散布各种论调蒙蔽误导舆论

美国政府一边端着全球化"饭碗"尽享美味,一边大声嚷嚷多边贸易体制对自己不公平,大肆散布"美国贸易吃亏论""贸易不平衡论",误导世界认知。

美国作为第二次世界大战后国际经济、贸易、金融体制创立的主导者,牢牢掌控着国际经贸规则的创设权和修订权,通过频繁调整、升级国际贸易和投资规则,使国际经贸新规则更加符合美国利益,成为多边经贸体制和经济全球化的最大赢家。2018年,美国货物贸易额为3.89万亿美元，服务贸易额为1.31万亿美元，分别居全球第二位和第一位。然而，美国政府在"美国优先"的旗帜下，否认中美两国发展的差异性、阶段性，否认关税水平和开放程度向来与发展阶段、资源禀赋、产业竞争力密切相关的客观规律和现实需要，无视美国经济低储蓄、高消费，无视美国货物贸易逆差、服务贸易顺差，无视美国一方面强调对中国贸易存在巨额逆差，另一方面又实施严格的出口管制等客观现实，宣称美国在与中国的贸易中，出现巨大逆差，是因为美国受到不公平待遇，贸易政策不对等，美国吃亏了，罔顾和歪曲事实，肆意剪裁事实，混淆视听，欺骗公众，为美国逆全球化潮流而动，任性挥舞贸易保护大棒寻找所谓的理论依据，损害他国乃至世界利益。美国有关机构分析，如果放宽民用高技术产品对华出口限制，美对华贸易逆差可减少35%左右。中国想进口的东西美国不卖，也是造成目前中美贸易不平衡的重要原因。

（六）在双边经贸谈判中美国政府出尔反尔不守承诺

自2017年美国挑起经贸摩擦以来，中国积极回应美国经贸关切，以极大的诚意和耐心与美国政府开展了多轮磋商，力图弥合分歧、解决问题。2018年2月初，应美国方面强烈要求，中国派团赴美举行经贸磋商，重点就贸易不平衡等问题深入交换意见，并就扩大自美国进口农产品、能源产品等初步达成共识，取得重要进展。但是，3月22日，美国政府无视两国取得的重要进展，抛出所谓对华"301调查"报告，对中国提出"盗窃知识产权""强制技术转让"等不实指责，并基于此宣称将对从中国进口的价值500亿美元商品加征25%关税，4月3日，公布了产品清单。

在此情况下，中国依然本着最大限度通过对话解决问题的诚意，与美方进行认真磋商，并对美国诉求做出积极回应。5月19日，双方发表联合声明，达成"不打贸易战"的共识。美国公开表示，暂停推进对华加征关税计划。但是,仅10天之后,美国政府不顾国内工商界和广大民众的反对,就推翻磋商共识,对中国的经济体制、贸易政策横加指责,宣布将自7月初开始,分3次对500亿美元中国输美商品加征25%的关税、对2000亿美元中国输美商品加征10%的关税,并称自2019年1月1日起将税率提高至25%。同时威胁要对剩余所有中国输美商品加征关税,引发两国间经贸摩擦快速升级。中国为捍卫国家尊严和人民利益,不得不做出必要反应,累计对1100亿美元美国输华商品加征关税。

2018年12月1日,中美两国元首在阿根廷二十国集团领导人峰会期间举行会晤,就双边经贸问题达成重要共识,同意停止相互加征新的关税,在90天内加紧开展磋商,朝着取消所有加征关税的方向努力。此后90天里,中美工作团队在北京和华盛顿举行了3轮高级别磋商,就中美经贸协议的原则内容达成许多初步共识。2019年2月25日,美方宣布推迟原定的3月1日起对价值2000亿美元中国输美商品提高关税的期限。3月底至4月底,两国工作团队又进行了3轮高级别磋商,取得实质性进展。经过多轮磋商,两国已就大部分问题达成一致。然而,美国政府得寸进尺,坚持不合理的高要价,坚持不取消经贸摩擦以来加征的全部关税,坚持在协议中写入涉及中国主权事务的强制性要求,并且不负责任地指责中国立场"倒退",企图将谈判未完成的责任归咎于中国,并不顾中国坚决反对,自5月10日起将2000亿美元中国输美商品加征关税税率由10%提高至25%,导致中美经贸磋商严重受挫。5月13日,美国宣布启动对剩余约3000亿美元中国输美商品加征关税的程序,给双边经贸磋商和世界经济增长前景蒙上了阴影。

二、美国的贸易摩擦对世界的危害

美国政府采取的一系列极端贸易保护措施和经济霸凌行为,严重破坏了国际经济秩序，伤害了包括中美经贸交往在内的全球经贸关系，冲击了全球价值链和国际分工体系，干扰了市场预期，引发了国际金融和大宗商品市场剧烈震荡，成为全球经济复苏的最大不确定因素和风险源，只会使世界陷入"冷战陷阱""衰退陷阱""反契约陷阱""恐怖陷阱"。

(一)破坏多边贸易规则和国际经济秩序，使全球经济陷入失序化状态

自愿缔结契约、重信守诺是现代市场经济的重要基础。各国无论大小强弱，相互尊重，平等对话，基于契约精神共同和维护国际规则，对于推动生产要素优势互补、自由流动，促进全球贸易投资、促进全球经济增长具有基础性作用。公平竞争是市场经济发展的重要基石，是促进市场作用有效发挥的重要前提。通过行政权力干预企业合法、自主经营权会扰乱市场秩序，扭曲资源配置。对于世界经济这样一个庞大的体系，秩序更是如同阳光和空气之于生命一样，须臾不可或缺。以契约精神遵守维护国际规则，是世界各国的共同责任和义务。

多年以来，发达国家与发展中国家按照经济规律和商业自愿原则，形成先进技术与低廉劳动力、自然资源等经济要素大循环，推动全球经济增长。然而，最近一年多时间里，美国政府藐视国际协定的权威性，多次在公开场合抨击世界贸易组织规则及运行机制，拒绝支持多边贸易体制，消极参与全球经济治理，造成 2017 年和 2018 年亚太经合组织贸易部长会议均未在支持多边贸易体制问题上达成一致立场，特别是美国政府不同意将"反对贸易保护主义"写入部长声明，遭到亚太经合组织其他成员一致反对。美国猛烈抨击世界贸易组织上诉机构，还数次阻挠上诉机构启动甄选程序，导致世界贸易组织上诉机构人员不足，争端解决机制濒临瘫痪。据世界贸易组织争端裁决的研究报告，美国作为头号经济体成为迄今为止世界贸易组织成员中的最大

"不守规矩者",世界贸易组织 2/3 的违规都由美国引起,严重扰乱了全球治理秩序。

美国政府近期采取的单边贸易保护主义、孤立主义、民粹主义等行为,既不遵守作为国际规则缔约方的履约义务,也不尊重作为经贸合作主体的企业的契约成果,不守商业信用,违背甚至破坏了现行多边贸易规则,严重损害现行国际经济秩序,破坏了市场经济重信守诺的根基。于己有利就用,于己不利就一脚踢开,是典型的实用主义,也是一种战略短视。

(二)阻碍国际贸易和全球经济复苏,使世界经济陷入衰退风险

随着全球化进程发展,国际贸易成为世界经济增长的重要动力。根据世界银行统计,全球经济对贸易增长的依存度已从 1960 年的 17.5% 上升到 2017 年的 51.9%,如图 1 所示。

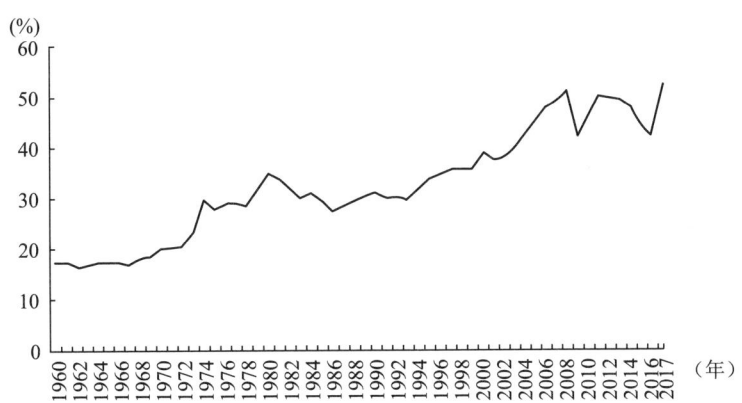

图 1　全球经济对贸易的依存度(1960—2017 年)

数据来源:世界银行数据库。

当前,全球经济刚刚走出国际金融危机的阴影,回升态势并不稳固。美国政府大范围挑起贸易摩擦,阻碍国际贸易,导致全球市场信心受到强烈冲击,股市、汇市加剧波动,多国企业信心指数下滑,对世界经济复苏造成严重负面影响。为了遏制美国的贸易保护主义行为,

其他国家也不得不采取反制措施，使全球经济落入循环式"衰退陷阱"。

世界贸易组织总干事罗伯特·阿泽维多表示，如果关税回到关税及贸易总协定和世界贸易组织之前的水平，世界经济将立即收缩2.5%，全球贸易量将削减60%以上，负面影响超过2008年国际金融危机。世界银行2018年6月5日发布的《全球经济展望》报告指出，全球关税广泛上升将会给全球贸易带来重大负面影响，至2020年全球贸易额下降可达9%，对新兴市场和发展中经济体的影响尤为明显，特别是那些与美国贸易或金融市场关联度较高的经济体（见表1）。

表1 美国挑起贸易摩擦对全球经济的影响

预测机构	贸易战对全球经济的影响
世界贸易组织	若关税回到关税及贸易总协定、世界贸易组织之前的水平，全球经济将立即收缩2.5%，全球贸易量将削减60%以上
国际货币基金组织	增加关税的措施将导致全球经济增速下降大约0.5个百分点
巴克莱资本	全球经济增速下降0.6个百分点，全球通胀率上升0.7个百分点
标准普尔	全球经济增速或下滑1%
英国央行	如果美国和所有贸易伙伴的关税提高10%，美国国内生产总值可能降低2.5%，全球经济可能降低1%
法国央行	一国对进口加征10%关税，将使其贸易伙伴国的出口下降13%~25%

资料来源：世界贸易组织、国际货币基金组织、巴克莱资本、标准普尔、英国央行、法国央行。

（三）严重冲击全球产业链和价值链，使全球产业链面临碎片化和低效化风险

当前，世界经济已经形成紧密联系、深度交融的分工格局，各国充分发挥各自在技术、劳动力、资本等方面的比较优势，构成高效运转的全球产业链和价值链，共同分享经济全球化红利。尤其是以跨国公司为代表的各国企业通过在全球范围内配置资源，最大限度降低了

生产成本，提高了产品和服务质量，实现了企业之间、企业与消费者之间的共赢。

全球产业链和价值链如同世界经济的经脉，一旦发生混乱甚至断裂，世界经济无疑会元气大伤，恢复进程将十分缓慢。美国政府违反世贸规则，通过加征关税、高筑贸易壁垒等手段在世界范围内挑起贸易摩擦，通过打压正常技术外溢、滥用长臂管辖、对跨国公司进行政治勒索制造的"恐怖陷阱"，以贴"卖国标签"、威胁加税等方式要求美资跨国公司回流美国等行为，将严重破坏甚至割裂全球价值链，冲击全球范围内正常的产品贸易和资源配置，并通过各国经贸的相互关联，产生广泛的负面溢出效应，降低全球经济的运行效率。比如，汽车、电子、飞机等行业都依靠复杂而庞大的产业链支撑，日本、欧盟、韩国等供应链上的经济体都将受到贸易收缩的负面影响，并产生一连串的链式反应，即使美国国内的供应商也会在劫难逃。根据中国商务部测算，美国对华第一批340亿美元征税产品清单中，约有200多亿美元产品（占比约59%）是美、欧、日、韩等在华企业生产的。包括美国企业在内，全球产业链上的各国企业都将为美国政府的关税措施付出代价。

国际货币基金组织2018年4月17日发布的《世界经济展望》报告指出，关税和非关税贸易壁垒的增加将破坏全球价值链，减缓新技术的扩散，导致全球生产率和投资下降。彼得森国际经济研究所认为，若美国对中国施加贸易制裁并导致中国反制，许多向中国出口中间产品和原材料的国家与地区也将遭受严重冲击。

（四）贸易保护主义最终损害美国自身利益，将世界经济导入互害模式

在经济全球化的时代，各国经济你中有我、我中有你，特别是大型经济体存在紧密的相互联系。"国际贸易只有竞争、难有共赢""别国跑快了，美国就要受威胁；别国发展好了，美国就要遭殃"，美国这种"贸易零和论"违背规律。美国政府单方面挑起的贸易战在对世界各国经济产生冲击的同时，也会损害美国自身利益。

一是提高美国制造业成本，影响美国就业率。通用电气公司预测，美国对自中国进口商品加征关税将导致其成本上升3亿～4亿美元。通用汽车、福特及菲亚特－克莱斯勒等汽车制造商纷纷下调了全年利润预测。美国最大的铁钉制造商中洲公司表示，对进口钢铁加征关税致使其成本提升，产品价格被迫上涨，销售额预计将下降50%，公司经营面临较大冲击。2018年6月，该公司已解雇了500名工人中的60名，并计划再解雇200名工人。彼得森国际经济研究所的评估指出，美国对进口汽车加征关税将导致美国减少19.5万个就业岗位，若受到其他国家报复性措施，就业岗位可能减少62.4万个。二是导致美国国内物价上升，消费者福利受损。进口中国物美价廉的消费品是美国通胀率保持低位的重要因素之一，关税提升只会导致美国消费品价格上涨，增加美国消费者负担，伤害多数美国公民利益。三是引发贸易伙伴反制措施，反过来损害美国经济。各贸易伙伴的反制措施，势必使美国一些地区、产业、企业承担大量损失，得克萨斯州、南卡罗来纳州、田纳西州、北卡罗来纳州等对出口依赖比较大的州出口减少，岗位流失，经济将受到严重冲击。四是影响投资者对美国经济环境的信心，导致外国直接投资净流入降低。近期，美国及外国跨国公司在美投资数量几乎为零，企业投资方向转变将影响美国的长期收入增长和高收入就业岗位，并使全球企业加速远离美国。美国国家纳税人联盟、美国商会及众多有识之士纷纷指责白宫发起的贸易战对美国人来说是"就业杀手"，损害的是美国产品竞争力和广大民众的利益。

三、中美经贸关系合则两利

中国是世界上最大的发展中国家，美国是世界上最大的发达国家。

中美经贸关系既对两国意义重大,也对全球经济稳定和发展有着举足轻重的影响。

(一)中美经贸合作带来优势互补

尺有所短、寸有所长。中美两国无论是发展阶段、经济结构,还是资源禀赋,均有很大差异,形成高度互补关系,为双方经贸合作提供了强大驱动力。美国擅长的高附加值设计、研发活动,能与中国具有优势的低成本生产、组装环节一拍即合,逐渐建立深度融合、相互依赖的利益共同体,这是中美之间合则双赢、斗则俱伤的现实基础。美国在汽车、飞机、农产品、服务业等优势产业都对中国保持大顺差。2017年中国自美国进口汽车131亿美元,对美国出口汽车14亿美元。美国对中国农产品贸易顺差达到164亿美元,服务贸易顺差超过540亿美元。中国是美国飞机和大豆的第一大出口市场,汽车、集成电路、棉花的第二大出口市场。2017年美国出口中57%的大豆、25%的波音飞机、20%的汽车、14%的集成电路、17%的棉花都销往中国。

(二)中美经贸合作带来互利共赢

2017年,中美货物贸易额已达5837亿美元,是1979年两国建交时的233倍。中国是美国增长最快的出口市场和第一大进口来源地,美国对中国出口占美出口的8%。根据联合国统计,这一年美国对中国货物出口1298.9亿美元,较2001年的191.8亿美元增长577%,远远高于同期美国对全球112%的出口增幅。庞大的中国市场日益成为美国企业全球布局中的重要业务增长点和利润中心。中美经贸合作在促进美国经济增长、促进美国产业升级、降低美国通胀水平、增加就业岗位、降低消费者生活成本等方面也发挥了难以替代的作用。

(三)中美经贸合作推动共同繁荣

中美经贸合作是经济全球化的重要一环,有着巨大外部效应,关系到全球经济的稳定。作为国际经济大循环中的两个重要参与方，中美两国去年货物和服务进出口总额已分别占全球的 10.4％ 和 11.4％，对世界贸易额增长的贡献合计达 18.6％。

当然，中美经贸合作规模庞大、内涵丰富、覆盖面广、涉及主体多元，产生一些矛盾分歧在所难免。现任美国政府对中国做出"经济侵略""不公平贸易""盗窃知识产权""国家资本主义"等一系列污名化指责，严重歪曲了中美经贸关系的事实，只会导致分歧加大、摩擦升级，最终损害双方根本利益，必须客观公正评价中美经贸是否平衡。

第一，贸易逆差与中美经贸得失不能画等号。贸易差额只是交易量之差，而不是盈亏的多少。中美两国处在全球产业链、价值链的不同位置，美国在高端，中国在中低端。尽管中美货物贸易存在不平衡现象，这种不平衡既因中美计算口径不一所致，也是美国国内储蓄不足、中美产业比较优势、国际分工和跨国公司生产布局变化，以及美国对华高技术产品出口管制、美元优势地位等多重因素造成的。如果从中美经贸的全局来评估，中国企业更多的是赚取加工费，而美国企业从设计、零部件供应、营销等环节获益巨大，两国获益是大致平衡的。2018 年 6 月德意志银行发布的研究报告《估算美国和主要贸易伙伴之间的经济利益》认为，从商业利益角度分析，考虑到跨国公司的全球经营对双边经贸交往的影响，美国实际上在中美双边贸易交往过程中获得了比中国更多的商业净利益。根据其计算，扣除各自出口中其他国家企业子公司的贡献等，2017 年美国享有 203 亿美元的净利益。

第二，公平贸易不等于对等开放。现任美国政府强调的所谓"公平贸易""对等开放"，与世界贸易组织的互惠互利原则并不一致，有违世界贸易组织框架下发展中成员享有差别和更优惠待遇的制度安排。2001 年，中国通过多边谈判以发展中成员身份加入世界贸易组织，享受发展中成员待遇。中国经济虽然实现了快速发展，但仍然是一个发展中国家。根据国际货币基金组织数据，2017年中国人均国内生产总值为8643美元，仅为美国的14.5%，排在世界第71位。2017年末中国还有3046万农村贫困人口。仅以中国经济和贸易总规模较大为依据，要求中国和美国实现关税绝对对等是不合理的。美国追求绝对对等的做法，违背了世界贸易组织最惠国待遇和非歧视性原则。而且中国在切实履行加入世界贸易组织承诺后，还主动通过单边降税扩大市场开放。截至2010年，中国货物降税承诺全部履行完毕，关税总水平由2001年的15.3%降至9.8%。根据世界贸易组织数据，2015年中国贸易加权平均关税税率已降至4.4%，明显低于韩国、印度、印度尼西亚等新兴经济体和发展中国家，已接近美国（2.4%）和欧盟（3%）的水平。在农产品和制成品方面，中国已分别低于日本农产品和澳大利亚非农产品的实际关税水平。

第三，基于契约精神的技术转让符合双方利益。中国与美国等发达国家合作过程中发生的技术转移，源自发达国家企业出于利益最大化考虑的主动技术转让及产业转移。多年来美国在华企业通过技术转让与许可获得了巨额利益回报，是技术合作的最大受益者。中外企业技术合作和其他经贸合作完全是基于自愿原则实施的契约行为，双方企业都从中获得了实际利益。与此同时，中国从立法、执法和司法等多个层面在保护知识产权方面做出了巨大努力。美国彼得森国际经济研究所认为，中国知识产权保护状况不断改善，过去10年间中国使用外国技术支付的专利授权和使用费增长4倍，2017年为286亿美元，排名全球第四，其中为本国境内使用的外国技术支付费用的规模仅次于美国，排名全球第二位。美国企业因中国有效保护知识产权获益丰厚。根据美国商务部经济分析局统计，2016年中国向美国支付知识产权使用费79.6亿美元。

第四，基于世界贸易组织规则的补贴政策是解决市场失灵和经济发展不平衡的普遍做法。补贴政策作为应对市场失灵和解决经济发展不平衡问题的手段之一，被包括美国在内的许多国家和地区普遍使用。加入世界贸易组织以来，中国一直积极推进国内政策领域的合规性改革，切实履行世界贸易组织《补贴与反补贴措施协议》的各项义务。中国遵守世界贸易组织关于补贴的透明度原则，按照要求定期向世界贸易组织通报国内相关法律、法规和具体措施的修订、调整和实施情况。截至2018年1月，中国提交的通报已达上千份，涉及中央和地方补贴政策、农业、技术法规、标准、知识产权法律法规等诸多领域。

四、保持战略定力，坚守中国立场

中国政府始终认为，以贸易战相威胁，不断加征关税的做法无益于经贸问题的解决。中国政府主张，中美应秉持相互尊重、平等互利的精神，本着善意和诚信，相向而行，通过磋商解决问题，缩小分歧，扩大共同利益，维护两国共同利益和世界贸易秩序大局。

（一）坚定维护国家尊严和核心利益

中美两国经贸关系出现的问题和争议，既不能指望通过一个协议解决所有的问题，也需要确保协议同时满足双方的需求，实现协议的平衡性。对于重大原则问题，中国决不退让。对于贸易战，中国不愿打、不怕打，必要时不得不打。

谈，中国谈判的大门一直敞开，但谈判必须以相互尊重、相互平等和言而有信、言行一致为前提，不能在关税大棒的威胁下进行，不能以牺牲中国发展权为代价。

打，奉陪到底，我们有强大的经济韧性和广阔的市场空间，有勤劳智慧、众志成城的中国人民，有国际上一切反对保护主义、单边主义和霸权主义的国家支持，我们有信心、有决心、有能力应对各种风险挑战。

在协商过程中，美国必须尊重中国的社会制度、经济体制、发展道路和权利，尊重中国的核心利益和重大关切，不挑战底线，不逾越红线，不能以牺牲中国的发展权为代价，更不能损害中国的主权。

（二）坚定深化改革扩大开放

改革开放是中国的基本国策，也是推动中国发展的根本动力。通过改革开放发展壮大自己，是应对经贸摩擦的根本之道。尽管中美贸易摩擦的影响不可避免，但中国经济有韧性、有潜力、有竞争力，中国政府完全有能力通过不断深化改革扩大开放来对冲影响。

中国将发挥市场优势，继续推进供给侧结构性改革，大力推进简政、减税、减费，激发中小企业发展活力，扩大内需。坚定实施创新驱动发展战略，引导各类企业走"专精特新"的发展道路，加快建设现代化经济体系，推动经济高质量发展。

中国将继续尊重国际营商惯例，遵守世界贸易组织规则，着力构建公开、透明的涉外法律体系，对在中国境内注册的企业，一视同仁、平等对待，建设透明、高效、公平的市场环境。

实行高水平的贸易和投资自由化便利化政策，全面实行准入前国民待遇加负面清单管理制度，大幅放宽市场准入，扩大服务业对外开放，进一步降低关税，发展更高层次的开放型经济，创造更有吸引力的投资环境，与世界上一切追求进步的国家共同发展、共享繁荣。中国始终坚持保护外国投资者及其在华投资企业的合法权益，对侵犯外商合法权益的行为将坚决依法惩处。

（三）坚定推进中美经贸关系健康发展

美国和中国是世界前两大经济体。中美经贸摩擦事关全球经济稳定与繁荣，事关世界和平与发展，应该得到妥善解决。中美合则两利，斗则俱伤，双方保持经贸关系健康稳定发展，符合两国人民根本利益，符合世界人民共同利益，为国际社会所期待。

坚持通过对话协商解决问题。中国愿以最大的耐心和诚意回应美国提出的关切，以求同存异的态度妥善管控并处理分歧，克服各种困难，提出务实解决方案，为推动双边经贸磋商做出艰苦努力。

坚持以相互尊重、平等互利的精神开展磋商。中美双方磋商的地位应该是平等的，磋商既要重视美国的关切，也要重视中国的关切，最终达成的协议应该是平衡、包容、共赢的，既符合美国利益，也符合中国利益。

坚持以诚信为本推进磋商。诚信是磋商的基础，中美双方都要抱着极大的诚意进行磋商。中美双方应相向而行，在磋商中讲信用、重承诺，一旦达成协议，就要切实履行。

（四）坚定维护并推动改革完善多边贸易体制

以世界贸易组织为核心的多边贸易体制是国际贸易的基石，是全球贸易健康有序发展的支柱。

中国坚定遵守和维护世界贸易组织规则，支持开放、透明、包容、非歧视的多边贸易体制，支持基于全球价值链和贸易增加值的全球贸易统计制度等改革。支持对世界贸易组织进行必要改革，坚决反对单边主义和保护主义。

中国坚持走开放融通、互利共赢之路，构建开放型世界经济，加强二十国集团、亚太经合组织等多边框架内合作，推动贸易和投资自由化便利化，推动经济全球化朝着更加开放、包容、普惠、平衡、共赢的方向发展。

中国将与欧盟一道加快推进中欧投资协定谈判，争取早日达成一致，并在此基础上将中欧自贸区问题提上议事日程。中国将加快中日韩自贸区谈判进程，推动早日达成"区域全面经济伙伴关系协定"。

中国将深入推进"一带一路"国际合作，坚持共商共建共享原则，努力实现政策沟通、设施联通、贸易畅通、资金融通、民心相通,增添共同发展新动力。

(五)坚定保护产权和知识产权

中国将不断完善专利法和著作权法等知识产权保护相关法律法规,提高知识产权审查质量和审查效率。

全面引入惩罚性赔偿制度,建立实现知识产权价值的侵权损害赔偿制度,显著提高违法成本。加强知识产权保护中心建设,推动各种形式的侵权事件和案件快速审查、快速确权、快速维权。

推动中外企业、大中小型企业等各种主体之间的平等保护,依法严格保护外商企业合法知识产权。不断完善符合知识产权案件特点的诉讼证据规则,加强知识产权法院体系建设,积极推动国家层面知识产权案件上诉机制,保障司法裁判标准统一,加快推进知识产权审判体系和审判能力向现代化迈进。中国主张通过法律手段解决知识产权纠纷问题,反对任何国家以保护知识产权之名,行贸易保护主义之实。

合作是中美两国唯一的正确选择,共赢才能通向更好的未来。在中美经贸磋商总的方向上,中国不是向后看,而是向前看。中美达成一个互利双赢的协议,符合中美两国利益,顺应世界各国期待。

主要参考文献:

1. 国务院新闻办公室:《关于中美经贸摩擦的事实与中方立场》,中国政府网,2018年9月24日。

2. 国务院新闻办公室:《关于中美经贸磋商的中方立场》,中国政府网,2019年6月2日。

3. 《认清本质 洞明大势 斗争到底——中美经贸摩擦需要澄清的若干问题》,《求是》2019年第12期。

4. 《"美国贸易吃亏论"当休矣》,《人民日报》2018年7月6日。

5.《美国贸易霸凌主义贻害全球》,《人民日报》2018年7月7日。

6.《美国贸易盲动症注定引火烧身》,《人民日报》2018年7月8日。

7.《美国"贸易零和论"是一种危害世界的心魔》,《人民日报》2018年7月9日。

8.《美国"贸易不平衡论"是一笔偏心的糊涂账》,《人民日报》2018年7月10日。

9.《警惕美国单边保护主义设下的"冷战陷阱"》,《人民日报》2018年7月11日。

10.《美国升级贸易战是霸凌主义对世界的挑衅》,《人民日报》2018年7月12日。

11.《美国不应将世界经济拖入"衰退陷阱"》,《人民日报》2018年7月13日。

12.《"反契约陷阱"给世界经济带来失序风险》,《人民日报》2018年7月14日。

13.《"恐怖陷阱"冲击全球产业链和价值链》,《人民日报》2018年7月15日。

案例二：令世界瞩目的中国抗疫故事

世界已日益成为地球村，各国是休戚与共的命运共同体，在传染性疾病面前难以独善其身，只有共同努力有效遏制新冠肺炎疫情扩散，才能护佑各国共同的福祉，才能带来人类共同的安宁。新型冠状病毒是人类共同的敌人，抗击疫情不是中国一个国家的事情，疫情是全世界面临的挑战。2020年新型冠状病毒肺炎（COVID—19）疫情发生以后，国际社会普遍关注"中国怎么应对、应对效果如何"等重大问题。

一、大国担当：中国采取了历史上最勇敢、最灵活、最积极的防控措施

在以习近平同志为核心的党中央的带领下，中国政府举全国之力，采取了最全面、最严格、最彻底、科学有效的防控举措，并同世界卫生组织和国际社会保持密切沟通与合作，汇聚起疫情防控的硬核力量，有效遏制了疫情蔓延，不仅为国内控制住疫情创造了条件，也为其他国家和地区做好疫情防控准备赢得了宝贵时间。在这场伟大的抗疫斗争中，生动展现出了"中国力量""中国精神""中国效率""中国担当"，书写了令世界瞩目的伟大的中国抗疫故事。170多个国家领导人与40多个国家和地区组织负责人以电话、信函、声明等方式对中国抗疫斗争表示了慰问和支持。《中国—世界卫生组织新型冠状病毒肺炎（COVID—19）联合考察报告》指出，中国采取了历史上最勇敢、最

灵活、最积极的防控措施。英国共产党（马列）官网发表文章称，突发的疫情，彰显了中国人民在应对突发卫生事件和重大灾难时的韧性和凝聚力。

二、体制优势：中国体制之有力和中国举措之有效，世所罕见

新冠肺炎疫情发生后，在党中央的统一部署下，各地纷纷启动重大突发公共卫生事件一级响应机制，各部门各地区紧急驰援湖北共同抗击疫情，全国迅速建立联防联控机制，充分展示了中国对抗击疫情的强大决心，充分展示了中国独一无二的卓越领导能力、应对能力、组织动员能力、贯彻执行能力，充分展示了中国特色社会主义集中力量办大事的制度优势，受到国际社会的普遍赞誉。世界卫生组织总干事谭德塞赞叹说，中国体制之有力和中国举措之有效，世所罕见。中国"友谊勋章"获得者、法国前总理拉法兰表示，在疫情面前，中国政府展现出强大高效的组织和动员能力，这正是中国制度的优势。中国—世界卫生组织新冠肺炎联合专家考察组外方组长、世卫组织总干事高级顾问布鲁斯·艾尔沃德称，中国的协同优势是几年前我们都无法想象的，比如大型医院进行临时床位的调拨和划转，以便能够使更多感染新冠肺炎的患者得到救治，在这方面中国展现出了极大的优势。匈牙利工人党主席蒂尔默表示，中国为抗击疫情付出了巨大努力，世界上没有任何一个国家能够在短时间内高效调动如此多的人力和医疗资源，这充分展示了中国特色社会主义的强大力量。美国政治作家萨拉·弗朗德斯撰文深刻地指出，中国针对新型冠状病毒所采取的措施在资本主义国家是闻所未闻的。在危机中或紧急情况下，人民的福祉优先于资本主义利润。当危机来临的时候，共产党领导的国家有能力做出不受资本主义利润支配的决定。

三、大国情怀：中国与新型冠状病毒的斗争将成为人类命运共同体的又一基石

中国为防止疫情在世界蔓延所采取的坚强有力举措，不仅让中国人民对打赢疫情防控战充满信心，也给世界吃了一颗"定心丸"；不仅是在对中国人民生命安全和身体健康负责，也是在为世界公共卫生事业做贡献。海外舆论普遍认为，在这场没有硝烟的战"疫"中，中国共产党带领中国人民书写的"中国故事"、发出的"中国声音"令世界动容，"中国速度"为防止疫情向世界蔓延争取了宝贵时间，"中国力量"为疫情的防控构筑了坚实防线，"中国经验"为世界防疫事业树立了全新典范。中国秉持公开、透明及对全球卫生安全和人民健康高度负责的态度，加强与世卫组织、有关国家和地区有效合作，中国科学家快速甄别病原体、对病毒进行基因测序，并同世界卫生组织及相关国家和地区分享研究成果，为快速诊断做出独特贡献，为其他国家争取到宝贵的"窗口期"。联合国秘书长古特雷斯称赞说，中国在遏制新冠肺炎疫情的传播中做出了"了不起"的努力，中国人民"正在为全人类作贡献。波黑前总理兹拉特科·拉古姆季亚指出，中国与新冠病毒的斗争将成为人类命运共同体的又一基石。西班牙共产党主席森特利亚表示，每当这种灾难波及世界的时候，我们都再一次认识到，习近平总书记提出的人类命运共同体理念恰逢其时。马来西亚中国公共关系协会副会长颜天禄说，新冠肺炎疫情发展至今，众多国家自发地同中国站在一起，为中国抗击疫情提供坚定支持，充分体现出构建人类命运共同体的重要性。俄罗斯人民友谊大学副教授季莫费耶夫说，新冠肺炎疫情威胁世界卫生安全，各国必须联合应对挑战，这让人们对人类命运共同体理念拥有更清晰的认识，拉近了人与人的距离，当前世界各国面临的共同挑战和威胁进一步证实了人类命运共同体理念

符合全球需求。埃及记者工会主席特别代表艾哈迈德·萨拉姆表示，中国通过应对这场疫情向世界证明了自身的大国地位，这是对自己的人民负责、对全世界负责的真正大国。中国在本国疫情防控阻击战胶着之际，仍然向其他出现疫情的国家和地区提供力所能及的援助——得知日方新冠病毒核酸检测试剂不足，中方紧急捐赠一批检测试剂盒；韩国大邱疫情形势严峻，中方紧急筹备大量医用口罩；伊朗疫情暴发，中方紧急捐赠一批核酸检测试剂盒及医疗设备，并派出中国专家组驰援；意大利疫情紧急，中国迅速派出专家组……中国向日本、韩国、伊朗、意大利等疫情严重国家积极施以援手，得到了国外舆论的一致好评。

四、共克时艰：比病毒更可怕的，是歧视与盲目仇恨

"孤举者难起，众行者易趋。"疫情面前，没有人是旁观者。要战胜疫情，世界各国需要守望相助，共渡难关。新冠肺炎疫情暴发后，正当中国人民争分夺秒、众志成城抗击疫情之时，国际社会也有个别组织和极端分子秉持零和理念、冷战思维，发表对华偏激歧视言行，污蔑诋毁中国和中国的抗疫行动。这些声音出来后，迅速受到广大正义力量的坚决声讨，很多国际人士纷纷站出来，斥责歧视性言行"有害无益""不可容忍"。呼吁让理性战胜恐慌，让同情、理解和支持战胜偏激、狭隘和焦虑，维护团结合作应对全球公共卫生挑战的大局。非洲开发银行行长阿德西纳表示，疫情是全球性问题，中国在遏制疫情扩散方面做出了很大贡献，国际社会应该继续鼓励并支持中国，"个别国家的歧视态度对于抗击疫情有害无益"。欧洲议会多数议员表示，面对疫情挑战，任何一个国家都无法独善其身。近期在一些国家出现的歧视行为是不人道的，有悖于欧盟的基本价值观，应尽力杜绝此类现象。马来西亚国会下议院原副议长翁诗杰指出，零和思维的政客们

长期以来一直痴迷于遏制中国的战略,以维护自己国家的霸权地位。但现在面对这样一种致命的病毒,遏制的目标应该是病毒本身,而不是国家和人民。在这方面,常识和人道主义意识必须占上风。武汉大学德籍教授蒂莫·巴尔茨认为,当下需要做的是用科学的方法来对抗疫情,希望所有人能以清醒的头脑做出理性的反应,不应该让情绪占据上风,病魔终将被科学、教育和人类合作所击败。国际商会丝绸之路室执行主任让-盖·卡里埃认为,最可怕的不是病毒,而是始终坚持认为中国本身就是一种威胁,是致命病毒、危险技术和思想的来源。美国新泽西州州长菲尔·墨菲更是直言:"疫情不是种族主义或歧视的借口。"联合国秘书长古特雷斯指出,要对中国及其他可能受到疫情影响的国家表达强烈支持,避免无辜人群和疫情受害者被污名化。墨西哥劳动党主席阿纳亚表示,中国政府为保护中国人民所采取的行动既是人类社会抗击疫情的典范,也是对世界各国负责任的体现,因此,所有针对中国歧视的言行都是不能接受的。

五、化危为机:防范化解重大风险的"中国方案"

中国经济与世界经济发展紧密相连。中国是世界第二大经济体,已经连续多年成为世界经济增长的第一引擎,对世界经济发展的贡献率已经超过1/3,是世界经济发展的稳定器与助推器,中国仍是世界经济的火车头。中国是全球产业链的重要一环,在国际贸易体系中扮演重要角色。德国新闻电视频道网站发表文章称,中国对世界经济至关重要,全球化缺了中国这个"世界工作台"行不通。

新冠肺炎疫情会不会影响中国经济发展,会不会进而影响世界经济发展,中国能不能化压力为动力、化危为机,在战胜疫情的同时实现经济社会更大的发展,进而推动世界经济进一步繁荣稳定,也是国际社会普遍关注的一个重要问题。习近平总书记高度重视统筹推进疫情防控和经济社会发展工作，他指出，疫情不可避免会对经济社会造成较大冲击，越是在这个时候，越要用全面、辩证、长远的眼光看待我国发展，不要被问题和困难吓倒。我国是个大国，韧性强、潜力足、回旋余地大，经济长期向好的基本面没有改变，疫情的冲击是短期的，总体上是可控的。只要我们变压力为动力，善于化危为机，有序恢复生产生活秩序，强化"六稳"举措，加大政策调节力度，把我国发展的巨大潜力和强大动能充分释放出来，就能够实现今年经济社会发展目标任务。

许多国家、国际组织、政党领导人以及知名专家学者对此也持乐观态度，认为中国经济展现出极强的韧性，必将继续向前发展，疫情对中国经济的影响是暂时的、总体可控的。欧盟委员会前主席、意大利前总理普罗迪表示，相信疫情一定能够早日被战胜，难关一定会过去，中国的未来会更美好。普华永道在其分析报告中指出，新冠肺炎疫情对中国经济的冲击是短暂的，当疫情结束后，经济增长将很快回到由基本面决定的正常轨道上来。美中贸易全国委员会发言人道格·巴里表示，美国商界人士普遍认为，中国经济将继续以超过大多数经济体的速度增长，中国在国际贸易体系中将继续扮演重要角色。巴基斯坦参议院外交委员会主席穆沙希德·侯赛因·赛义德指出，中国经济不会如一些人所说"受到重创"，试图利用新冠肺炎疫情大做文章、"唱衰"中国的行径注定徒劳无功。国际货币基金组织总裁格奥尔基耶娃认为，就经济前景而言，随着工厂复工、库存得到补充，中国经济有望迅速复苏。诺贝尔经济学奖得主罗伯特·默顿表示，中国经济具备战胜风险和挑战的良好条件，长期向好的趋势不会改变。我们对中国经济未来增长保持乐观，并相信经历此次疫情后，中国经济未来发展将变得更加健康。经济合作与发展组织中国经济政策研究室专家马吉特·莫娜尔认为，中国政府处置疫情的手段及时、有效，虽然短期经济数据会受到疫情的影响，但中国经济长期向好的趋势没有改变。

IMF新闻发言人盖里·莱斯表示，作为世界第二大经济体，中国经济具有极强的韧性和潜力，中国政府拥有足够的政策空间和回旋余地来提振经济。泰国正大集团董事长谢吉人表示，"对中国而言，这次疫情是一次危机，同时也是一次激励中国再前进的发展机遇。疫情过后，中国经济发展的后劲更足、动力更强，中国的社会组织、经济形态、商业模式、销售渠道等可能出现新的转变，"中国经济可能迎来一轮新的发展高潮"。

"千磨万击还坚劲，任尔东西南北风。""青山一道，风雨同担。"中国抗击疫情是一场史无前例的防范化解重大风险的伟大斗争，是一项关乎人类社会共同福祉的伟大事业，中国共产党和中央人民政府在抗疫斗争中所展现的战略自信、战略定力和战略耐力，必将为全球防范化解重大风险提供最新鲜的、有强大生命力的"中国经验""中国方案"，为构建人类命运共同体做出重大贡献。

主要参考文献：

1. 马克·力文：《中国采取史上最勇敢防控措施》，《人民日报》2020年6月9日。

2. 狄英娜、高天鼎：《中国人民"正在为全人类作贡献"——抗击疫情海外观点综述》，求是网，2020年3月5日。

3. 《国际人士：疫情不是种族主义或歧视的借口》，人民网，2020年3月9日。

后　　记

　　经过近一年的光景，本书即将付梓面世，怀着惴惴然的心情，反复审读书稿的每一个章节和段落，细细品思每一个词语和每一个起落承转，过去的事情历历在目。当翻到书稿的最后一页，不禁回望书稿的"前世今生"，这是过往时光锤炼的结果，这是每一个参与者辛勤付出的见证，这是无数次深思之后的灵感重现，这也是数年甚至更长时间科研积累和识世洞见的成果呈现。此刻，把书稿捧在手里，心里沉甸甸的，有收获，也有心怯；有成就，也有不足。

　　无论怎样的科研和创作，都离不开科研与创作之外的支持和帮助，在此感谢研究过程中提供无私帮助的领导，感谢提供睿智思想的学界同仁，感谢默默奉献的工作者们，感谢其他所有提供支持和帮助的人。没有大家的帮助，也就没有此刻的这部作品，谢谢大家！

　　在本书的创作过程中，杜正艾负责第二、第四、第五章，王峥负责第一、第三章以及前言部分。本书目前是国内首部比较全面和比较系统地介绍和分析防范化解外部环境领域重大风险的学术著作，是对外部环境领域重大风险研究的初次探索，囿于知识所限和能力所及，书中的不足和纰漏，恳请大家雅正。

作者

2020 年 7 月